MARCHÉS

POUR LA

FOURNITURE DES ÉTOFFES

NÉCESSAIRES

A L'HABILLEMENT DES TROUPES,

PENDANT

Les années 1836, 1837, 1838, 1839 et 1840.

PARIS,

ANSELIN, SUCCESSEUR DE MAGIMEL,

LIBRAIRE POUR L'ART MILITAIRE,

Rue Dauphine, n° 36, dans le passage Dauphine.

1835.

MARCHÉS

POUR

LA FOURNITURE DES ÉTOFFES

NÉCESSAIRES

À L'HABILLEMENT DES TROUPES,

PENDANT

Les années 1836, 1837, 1838, 1839 et 1840.

Le Maréchal Ministre de la guerre à MM. les Intendans et Sous-intendans militaires, et aux Conseils d'administration des Corps de toute arme (la Gendarmerie exceptée). (Direction de l'Administration, Bureau de l'Habillement.)

Paris, le 4 décembre 1835.

Messieurs, la fourniture des étoffes nécessaires à l'habillement des troupes pendant cinq ans, à compter du 1er janvier 1836, a été divisée en 44 lots et mise en adjudication publique, au rabais, le 12 septembre dernier ; j'ai l'honneur de mettre sous vos yeux :

1° L'état nominatif des fabricans auxquels cette fourniture a été adjugée ;

2° Le tableau des prix résultant de l'adjudication ;

3° Le cahier des charges qui, approuvé par le ministre, mon prédécesseur, le 28 février 1835, a servi de base à l'adjudication.

J'appelle votre attention sur toutes les clauses que renferme ce cahier des charges, mais il en est plusieurs qui m'ont semblé devoir vous être plus spécialement signalées et à l'égard desquelles il m'a paru nécessaire de vous adresser les observations suivantes ;

Savoir :

Art. 8.

D'après les dispositions de cet article, les pièces de draps devront toujours être recouvertes d'une double toile quand bien même,

1

au lieu de parvenir à destination par la voie du roulage, elles seraient directement livrées dans les magasins centraux ou régimentaires par les fabricans ou par leurs fondés de pouvoirs ; les capitaines d'habillement ou les agens-comptables seront donc tenus de se charger en recette de cette double toile dans leurs comptes de matériaux d'emballage.

Art. 19.

Approvisionnement de prévoyance.

Les approvisionnemens de prévoyance devront être tenus constamment au complet dans les magasins centraux, et déjà, ceux de Paris, de Metz, de Strasbourg, de Lyon, de Montpellier et de Rennes ont été désignés pour recevoir ces approvisionnemens en 1836.

Vous ne perdrez pas de vue que les pièces d'étoffes livrées à titre d'approvisionnement par les adjudicataires devront être examinées de la même manière que les pièces de draps destinées au service courant, et qu'il devra leur être assigné un numéro d'ordre sur le registre général de métrage dont il sera parlé ci-après, mais que les agens-comptables ne s'en chargeront pas en recette dans leur compte en matières pour *le service courant.*

La réception de ces pièces d'étoffes sera consignée sur un registre spécial conforme au modèle ci-annexé, sous le n° 11 ; comme l'indique l'article 29 du cahier des charges, il ne sera envoyé au ministère de la guerre ni mandat ni extrait du procès-verbal de réception ; mais le premier de chaque mois, il sera dressé par les agens-comptables pour m'être transmis une situation conforme au modèle n° 12; quant aux fabricans, ils recevront un récépissé sur papier *jaune* semblable au modèle n° 5.

Enfin, quand je jugerai convenable de prendre livraison, au titre du service courant, de tout ou partie des étoffes appartenant à l'approvisionnement de prévoyance, j'en préviendrai MM. les Intendans militaires. Un procès-verbal d'entrée conforme au modèle n° 2 *bis*, autorisera alors les agens-comptables à faire figurer les étoffes au chapitre des sorties sur le registre modèle n° 11, et à s'en charger en recette au compte du service courant; annotation de ce mouvement sera faite au registre de métrage. Un récépissé *blanc* (modèle n° 5.) sera envoyé au fabricant, et un mandat de paiement (modèle n° 7.) me sera transmis dans les délais fixés par le cahier des charges. (Art. 29.)

Art. 22.

Retard dans l'envoi des étoffes

Cet article impose l'obligation de signaler à l'administration les retards que les fabricans pourraient apporter dans l'accomplissement des ordres de fournitures qu'ils auraient reçus; je vous recommande, messieurs, de n'user d'aucune tolérance sur ce point.

Art. 23.

Conformité des étoffes aux types.

De nouveaux types ont été choisis pour servir de base à l'adjudication ; une collection complète de ces types va être adressée, par les soins de M. l'Intendant militaire de la 1re division, dans tous les magasins centraux et aux conseils d'administration des corps de toute arme.

Ces échantillons, revêtus du cachet du département de la guerre, devront être soigneusement conservés ; à cet effet, chaque conseil d'administration fera établir, au compte de la masse générale d'entretien, une petite caisse en bois dans laquelle ils devront être placés de manière à n'éprouver aucun froissement et à ne contracter aucun pli.

Quant aux anciens types, ils seront dépouillés de l'étiquette et du cachet qui y sont adaptés, dès que l'on aura procédé à la réception de toutes les quantités d'étoffes livrables par suite des commandes données pour solde des marchés de 1830 à 1835 ; on les affectera ensuite aux réparations des effets d'habillement.

La réception des nouveaux types devra être constatée dans les corps de troupe par une délibération du conseil d'administration.

Vous remarquerez, messieurs, qu'au nombre de ces types, il n'existe aucun échantillon de drap garance teint en pièce ; c'est qu'en effet, cédant aux vœux de l'armée, le Roi a décidé qu'à compter de 1836, il ne serait plus fabriqué que des draps garance teints en laine ; ce nouveau témoignage de la sollicitude royale sera accueilli avec reconnaissance, je n'en puis douter, et je me persuade que dans le but d'atténuer le plus possible l'augmentation de dépense qui résultera de l'amélioration apportée dans la teinture des draps, les conseils d'administration s'efforceront de prolonger la durée des effets d'habillement, ou du moins qu'ils s'abstiendront désormais de faire aucune demande de remplacement par anticipation.

Art. 24.

Conditions de fabrication.

Cet article énumère toutes les conditions de fabrication auxquelles les adjudicataires doivent se soumettre ; je ne saurais trop vous recommander, messieurs, de tenir la main à ce qu'aucune de ces conditions ne soit mise en oubli. Je sais que l'appréciation de la qualité ou des vices de fabrication d'une étoffe exige une grande expérience et une attention soutenue, mais je sais aussi ce qu'on peut attendre du zèle de MM. les officiers ; au surplus, pour les guider dans les travaux difficiles de la réception des draps, j'ai fait rédiger une notice que je joins ici sous le numéro 16, et dans laquelle ils puiseront d'utiles renseignemens.

1*

Art. 25.

Délai pour la vérification des étoffes.

Il est de toute équité que les étoffes livrées dans les magasins centraux ou régimentaires soient vérifiées aussitôt après leur arrivée, je n'ignore pas que, sur quelques points, des retards fort prolongés ont eu lieu en 1835 ; mais j'aime à croire que je n'aurai plus à signaler cette infraction aux clauses du cahier des charges.

Art. 26.

Commissions de vérification.

Dans les magasins de l'état, les décisions de ces commissions seront consignées sur un registre spécial (modèle n° 1). Sur le vû des délibérations portant acceptation de pièces d'étoffes, MM. les sous-intendans militaires chargés de la surveillance administrative des magasins dresseront un procès-verbal d'entrée (modèle n° 2), par suite duquel l'agent-comptable sera autorisé à faire recette des pièces d'étoffes acceptées. Lorsqu'il s'agira d'étoffes appartenant au service courant, le procès-verbal sera établi en deux expéditions, l'une destinée à être envoyée au département de la Guerre avec les comptes en matières, et l'autre, devant rester dans les archives ; mais quand les étoffes reçues appartiendront à l'approvisionnement de précaution, il suffira que le procès-verbal d'entrée soit rédigé en simple expédition, attendu que, ces étoffes ne devant pas figurer dans le compte en matières qui doit être produit au département de la Guerre, tout duplicata de procès-verbal d'entrée n'aurait aucune affectation.

Art. 28, 29, 30 et 31.

Vérification des étoffes.

Les explications données plus haut à l'occasion des articles 19, 23 et 24, me dispensent d'entrer ici dans de nouveaux détails.

Art. 32.

Pièces refusées par les commissions.

Lorsque les commissions instituées près des magasins ou des corps de troupe auront prononcé le refus ou le rejet de pièces d'étoffes, et que les fabricans auront adhéré aux décisions des commissions, il me sera transmis un état conforme au modèle n° 8 ; je vous invite à ne point oublier cette disposition, qui aura pour résultat de me mettre à même de reconnaître quels sont les fabricans qui encourent le plus de rejets ; on annotera sommairement sur l'état dont il s'agit les motifs de la non-acceptation.

Art. 33.

Arbitrage.

D'après les dispositions que renferme cet article, toute correspondance se trouvera interdite avec les fabricans non présens dont les étoffes auront été rejetées, et l'on procédera immédiatement à la nomination des arbitres. Il y a là une simplification que vous apprécierez.

Dans les magasins de l'état, le procès-verbal d'arbitrage sera consigné sur un registre *ad hoc* semblable au modèle ci-joint n° 1 *bis*, et lorsqu'à la suite de l'arbitrage, des pièces d'étoffes auront été admises, il sera dressé, comme il est dit plus haut, un procès-verbal d'entrée (modèle n° 2), en une seule expédition, si les étoffes sont destinées à faire partie de l'approvisionnement de prévoyance , mais en deux expéditions si les étoffes appartiennent au service courant.

Art. 34.

Réception des pièces admises par arbitres.

Les pièces de draps admises par arbitres dans les magasins de l'état doivent, comme celles qui sont reçues par les commissions instituées près de ces établissemens , être frappées d'un timbre aux deux extrémités du chef et près de la lisière.

Je désire qu'aux unes et aux autres il soit adapté une étiquette indiquant le n° de fabrique, le numéro d'ordre , le nom du fabricant, le métrage et la désignation du magasin ; voir le modèle n° 13 *bis*.

Lorsque ces pièces de drap auront été expédiées d'un magasin central sur un autre, on y apposera, dans ce dernier établissement, une nouvelle étiquette tout en conservant la première.

Enfin mon intention est qu'afin de justifier de l'origine des étoffes qui, lors des inspections générales, auraient donné lieu a des sujets de plaintes sous le rapport de la qualité ou de la couleur, les conseils d'administration conservent avec soin , intacts et sans dégradations les chefs de toutes les pièces, sans exception aucune, qui auront été livrées aux corps dans l'intervalle d'une inspection générale à une autre, soit par les magasins de l'état, soit par les fabricans, et que l'on conserve adhérent à chaque chef, au centre de la pièce et au pli du milieu, ou bien près de l'une des lisières, un échantillon du drap , de 10 centimètres carrés.

Je vous prie très instamment, messieurs , de veiller à l'exécution ponctuelle de cette disposition.

Art. 35.

Pièces refusées par les arbitres.

Lorsqu'à la suite d'un arbitrage, des pièces d'étoffes auront été ou flétries ou seulement refusées, un extrait de la décision conforme au modèle n° 8 me sera transmis immédiatement ; vous aurez le soin d'y faire annoter le montant des sommes payées aux arbitres ; dans les magasins de l'état, on y ajoutera un franc par pièce de drap, pour remboursement des frais d'emballage, de décatissage, etc.

Il est bien entendu qu'en cette circonstance, comme dans le cas prévu par l'article 32 du cahier des charges, ces extraits seront établis, soit que les pièces de drap non admises aient été présentées pour le service courant, soit qu'elles l'aient été pour l'approvisionnement de prévoyance.

Art. 38.

Métrage et évaluation des tares.

Dans les magasins de l'état, comme dans les corps de troupe, c'est aux commissions de vérification ou aux arbitres qu'est réservé le droit de déterminer le montant des réductions qu'il conviendra d'opérer sur la longueur des pièces d'étoffes admises, pour imputation de tares, de trous, de ribaudures, etc. Le chiffre de ces réductions sera consigné sur les feuilles, les registres ou les procès-verbaux de vérification ou d'arbitrage.

Quant au métrage des pièces admises, les résultats en seront consignés sur les feuilles de vérification dans les corps de troupes, alors même que l'on aurait eu recours à un arbitrage, et sur le registre journal de métrage dans les magasins centraux. Ce registre, conforme au modèle n° 13, sera tenu en double expédition ; il n'aura qu'une seule série de numéros pendant la durée des marchés (1836 à 1840).

Au 1er janvier prochain, on inscrira sur ce registre, en leur donnant un nouveau numéro d'ordre, toutes les pièces et tous les coupons de drap, 18, 19 et 22 ains qui existent en magasin ; des colonnes ont été réservées pour faire connaître la destination donnée aux étoffes.

En fin d'année, un exemplaire du registre journal de métrage me sera transmis, et comme chaque feuillet aura été totalisé, la dernière page me fera connaître la quantité des étoffes reçues, tant pour le service courant que pour l'approvisionnement de prévoyance, et le chiffre des quantités restant libres.

Ce document sera joint aux pièces qui servent dans mes bureaux à la vérification des comptes en matières des agens du service de l'habillement, et sa production dispensera de l'envoi dans le courant de l'exercice, de tout procès-verbal de remise ou d'expédition d'étoffes.

Du reste, vous comprendrez sans peine que l'on devra, au commencement de chaque année, reporter sur un registre nouveau tous les numéros des pièces restant disponibles d'après le registre de l'année précédente.

Art. 39.

Retrait de l'étoffe au décatissage.

Vous savez, messieurs, que jusqu'à ce jour, on a tenu compte aux fabricans, du retrait de 1 et demi pour cent que les étoffes éprouvent au décatissage, en sorte que dans les magasins de l'état, comme dans les corps de troupe, 100 mètres de drap décati ont toujours figuré en recette et en consommation pour 101^m 50^c. Le nouveau cahier des charges aura pour résultat de faire cesser cette irrégularité ; désormais on ne délivrera de récépissé aux fabricans que pour les quantités résultant du métrage après l'opération du décatissage, et les écritures se trouveront en rapport exact avec les faits.

Cependant, pour entrer dans cette voie, il faut que les capitaines d'habillement et les agens comptables fassent déduction au 31 décembre prochain de 1 et 1/2 pour cent sur toutes les quantités d'étoffes dont ils seront alors constitués dépositaires par suite des comptes d'exercice ; cette déduction sera l'objet d'une délibération ou d'un procès-verbal d'ordre ; elle devra être annotée sur les comptes de gestion des corps, de la manière suivante au bas de l'article 1er (Matières).

Savoir :

SERVICE DE L'HABILLEMENT ou DU HARNACHEMENT.	DRAPS			OBSERVAT.
	bleu de roi.	garance.	gris de fer.	
Restant libre au 31 déc. 1835,	105 25	172 50	271 00	
A déduire 1 et 1/2 p. 100 pour retrait au décatissage......	1 58	2 58	4 17	
Restant net qui formera le premier article de recette au compte 1836...........	103 67	169 92	266 93	

Dans les magasins centraux, on portera en consommation à la date du 31 décembre le montant de la réduction, en sorte que la situation au 1er janvier ne fera ressortir que les quantités de drap décati existant réellement en magasin, et, par une conséquence forcée de cette disposition, toutes les pièces de drap reçues avant le 31 décembre, et qui viendront prendre un nouveau n° d'ordre sur le registre de métrage, ne seront inscrites que pour la quantité d'étoffe décatie qu'elles contiendront.

Quant aux pièces de drap qui seront livrées en 1836, soit dans les corps de troupes, soit dans les magasins généraux, pour solde des marchés de 1830 à 1835, et qui devront être reçues selon les règles tracées par le cahier des charges de 1830, et décomptées aux prix résultant de l'adjudication faite le 26 juillet de cette même année, j'ai décidé que l'on n'en ferait recette dans les comptes en matières que pour les quantités d'étoffes qu'elles contiendraient après le décatissage , mais que sur les mandats de paiement qui seront délivrés par les conseils d'administration ou par les sous-intendans militaires chargés de la surveillance des magasins (modèles n°s 6 et 7 ci-joints), on modifierait ainsi qu'il suit le tableau portant décompte des quantités reçues.

SAVOIR :

DÉSIGNATION des ÉTOFFES.	QUANTITÉS reçues après décatissage.	BONIFICATION de 1 et 1/2 p. 100 pour retrait résultant du décatissage.	TOTAL.	PRIX d'après les marchés de 1830 à 1835.	DÉCOMPTE.
1.	2.	3.	4.	5.	6.

Mais tous les devis de l'habillement ont été basés sur l'emploi d'étoffes non décaties; or, les régimens n'ayant plus à supporter aucune réduction sur le métrage des draps qui leur seront livrés, il y avait nécessité de modifier les devis; les résultats de ces modifications se trouvent consignés sur l'état n° 14 ci-annexé. Ainsi à compter du 1er janvier prochain, il ne sera plus alloué aux corps de troupe pour la confection de leurs effets d'habillement et pour celle des schabraques que les quantités de drap énoncées audit état.

Il n'échappera pas à votre attention, messieurs, que pour le devis des habits la réduction a été de plus de 1, 1/2 pour cent; mais la différence provient du nouveau mode de coupe adopté pour ces vêtemens; au surplus, afin qu'il ne reste aux conseils d'administration aucun doute sur la possibilité de n'employer à la confection des habits que les quantités d'étoffes déterminées par les nouveaux devis, je vais leur adresser un exemplaire des tracés de coupe que j'ai fait établir.

Art. 51.

Situation mensuelle de chaque fabricant.

Cette situation devra être soumise au visa d'un agent principal du service de l'habillement; mais seulement quand cet agent se trouvera employé à proximité de la fabrique; dans le cas contraire, la situation me sera envoyée par le fabricant lui-même, sans avoir été visée; mais il en adressera un duplicata à l'agent principal de son arrondissement. (1)

---

(1) Les fabriques situées dans les 1re, 3e, 5e, 14e et 15e divisions militaires forment le premier arrondissement.

Le second arrondissement comprend les fabriques établies dans les 7e, 9e et 10e divisions militaires.

Art. 52.

Frais de vacations.

Ces frais, comme l'indique l'art. 52, doivent être payés sur les fonds généraux mis à la disposition des intendans divisionnaires ; lorsque l'arbitrage aura lieu dans un magasin régimentaire, les frais de vacations seront payés au moyen d'un mandat que M. l'intendant militaire délivrera au nom des arbitres, ou du conseil d'administration qui aurait fait l'avance de ces frais ; mention de ce paiement sera faite sur le bordereau mensuel de mandats que MM. les intendans adressent au département de la guerre, et l'on indiquera dans cette annotation le nom de la fabrique qui aura livré les étoffes soumises à un arbitrage ; on indiquera en outre si tout ou partie des pièces d'étoffes a été refusée, et si dès lors les frais de vacations doivent être imputés au fabricant, ou bien si, par suite de l'acceptation de toutes les pièces de drap, ces frais doivent rester à la charge du trésor.

Dans les magasins de l'état, l'agent comptable sera chargé d'acquitter les frais de vacation, mais les extraits de procès-verbaux qui accompagneront les états d'émargement des sommes allouées aux arbitres, devront contenir les indications énoncées plus haut. Ces indications, en ce qui concerne les frais à la charge du fabricant, seront aussi consignées sur les extraits de procès-verbal d'arbitrage qui, conformes au modèle n° 8 ci-joint, devront m'être adressés toutes les fois que des étoffes auront été refusées ou rejetées.

Enfin je désire qu'il soit établi au 31 décembre de chaque année par les conseils d'administration des corps de troupe et par les agens comptables des magasins centraux, pour m'être transmis par MM. les intendans divisionnaires, un état par fabricant, indiquant tout à la fois la quantité des pièces admises et de celles qui ne l'auront pas été, ainsi que le montant des frais d'arbitrage des pièces rendues ou renvoyées aux fabricans ; cet état devra être conforme au modèle n°. 15.

Ici se termine, messieurs, la série des explications que j'avais à porter à votre connaissance, il ne me reste plus qu'à vous recommander de veiller, chacun en ce qui vous concerne, à l'exécution ponctuelle de toutes les clauses du cahier des charges ci-annexé.

Recevez, etc.

ÉTAT nominatif des Fabricans de draps auxquels est confiée, par suite de l'adjudication du 12 septembre 1385, la fourniture des étoffes qui seront nécessaires à l'habillement des troupes pendant cinq ans (1836 à 1840).

NATURE du service.	Divisions militaires.	Départemens.	Communes.	NOMS DES FABRICANS.	Nombre de lots attribués à chaque maison.	Nombre de lots par nature de service.
Fourniture des draps 22 ains.	1re.	Seine.	Paris.	Seillière et fils, Aynard, Nô et Comp.	2	
	9e.	Hérault.	Lodève.	Fournier frères, Barbot et Comp., et Eug. Fournier	1	4
	15e.	Indre.	Châteauroux.	L. Muret de Bort	1	
Fourniture des draps 18 et 19 ains...	1re.	Oise.	Beauvais.	Hubert Nô et Comp.	2	
	3e.	Moselle.	Pierrepont.	H.-A. Seillière et fils	2	
			Moutiers.	Germain (Jean-Baptiste)	1	
	5e.	Bas-Rhin.	Strasbourg.	J.-G. Dietsch	1	
			Büchwiller.	Goulden et Comp.	1	
	7e.	Ain.	Amberieux.	Aynard frères	1	
			Montluel.	Aynard et fils	1	
		Drôme.	Peyrus.	Bellon et fils	1	
		Hérault.	Lodève.	P. Ménard et fils, Martel et Soucin	1	
				P. Martin Labranche et Comp.	1	
				Vitalis frères, Gausin et Justin Gonilheng	1	
				Louis Calvet et fils, J.-B. Teisserenc, Calvet et Grenier	1	
				Brun Fabréguettes et Comp., et Deidier frères	1	
				Puech Salaville et André	1	
				Fulcrand Foulquier	1	
				Fournier frères, Barbot et Comp., et Eug. Fournier	1	
				Teisserenc, Vinas frères, Parmentier, Calvet et Comp.	1	40

NATURE du service.	Divisions militaires.	Départemens.	Communes.	NOMS DES FABRICANS.	Nombre de lots attribués à chaque maison.	Nombre de lots par nature de service.
Flanelle et velours.	9e.			Jourdan frères, et Comp.	2	
				Augustin et Charles Vallat, Jean-Pierre Fabreguettes et Comp.	1	
				Joseph et Jean-Baptiste Rouand frères, et Vinas	2	
				Fulcrand Lagare jeune	2	
			Villeneuvette.	Hercule et Casimir Maistres, frères	2	
			Clermont.	Delpon, Bruguières, Fontenille, Boissière aîné, ses frères et Ce.	1	
				Planque, Sian, Gaussinel, Delpon et Comp.	1	
				Pierre et Victor Roüquet, B. et P. Marréaud et Deraux	2	
		Aveyron.	Sainte-Affrique.	Rachou l'aîné		
				Mazarin et Compagnie		
				Grand-Pradeille et Pierre Grand	5	
	10e.	Tarn.	Camarès.	Creisseil-Raimond et Compagnie		
			Saint-Géniez.	P. Muret, Solanet et Palangié, frères	1	
			Malamet.	Houlès père et fils	1	
			Castres.	J.-P. Julien Guibal et Compagnie	1	
				Paul Boïat et Laval, et Compagnie	1	
				Guibal-Anne-Veaute		
	14e.	Isère.	Leoviers.	Frédéric Jourdain Riboulesu	2	
	15e.	Indre.	Châteauroux.	L. Muret de Bort	3	

* Chacune de ces quatre maisons exploitera les trois quarts d'un lot seulement.

PRIX DES ÉTOFFES

(1836 à 1840).

DESIGNATION.	Draps 22 ains.		Draps 18 et 19 ains. Velours. Flanelle.		OBSERV.
	fr.	c.	fr.	c.	
Blanc blanchi....................	9	80	7	09	
Bleu de roi, teint en laine........	11	89	9	10	
Vert dragon , *idem*.............	11	75	8	96	
Gris de fer pour habit............	10	80	7	98	
Gris de fer pour capote..........	»		7	43	
Blanc piqué de bleu............	»		7	39	
Bleu céleste foncé , teint en laine..	10	83	8	01	
Rouge garance teint en.. { laine..	11	48	8	73	
Rouge garance teint en.. { pièce..	10	68	7	98	
Brun maron teint en..... { laine..	10	63	7	84	
Brun maron teint en..... { pièce..	»		6	95	
Gris argentin...................	10	17	7	41	
Écarlate teint en pièce...........	11	47	8	78	
Cramoisi *idem*.................	11	47	8	78	
Rose foncé *idem*...............	10	50	7	79	
Aurore *idem*..................	10	59	7	88	
Jonquille *idem*...............	10	56	7	65	
Bège........................	»		7	04	
Velours noir croisé en 59/100 de large..........			3	61	
Flanelle blanche en 79/100 de large..........			2	82	

(Row labels bracketed at left: Draps en 119/100 de large.)

CAHIER DES CHARGES

Pour l'Adjudication de la fourniture des Étoffes de laine nécessaires à l'habillement des Troupes de terre pendant les années 1836, 1837, 1838, 1839 et 1840.

Nombre de lots.

ART. 1ᵉʳ. La fourniture des étoffes de laine, qui seront nécessaires à l'habillement des armées de terre, ainsi qu'au harnachement des chevaux de troupe, pendant les années 1836, 1837, 1838, 1839 et 1840, sera mise en adjudication publique et au rabais en quarante-quatre lots, conformément aux dispositions de l'ordonnance royale du 26 février 1835; savoir:

Quatre lots pour la fourniture des draps 22 ains (et des velours ou
Quarante lots pour celle des draps 18 ou 19 ains (flanelle.
Chacune de ces fournitures sera l'objet d'une adjudication spéciale.

Conditions d'aptitude pour être admis à soumissionner.

2. Ces adjudications auront lieu au ministère de la guerre sur soumissions cachetées, le 12 septembre 1835.

Seront seuls admis à présenter des soumissions, les fabricans exploitant pour leur compte, et depuis une année au moins, au jour de la promulgation du présent cahier des charges, une manufacture réunissant les usines, les ateliers et les métiers, mécaniques, machines et ustensiles, dont la désignation et le nombre sont consignés sur l'état A ci-annexé.

Pièces à produire à l'appui des demandes d'admission.

3. Tout fabricant qui voudra prendre part à l'adjudication sera, en conséquence, tenu de faire parvenir au Ministre d'ici au 18 avril prochain pour tout délai, une demande d'admission appuyée des pièces suivantes; savoir:

1° Un acte de notoriété dressé par un juge de paix ou un notaire, attestant que son établissement est fondé sur un terrain qui lui appartient en propre; ou bien, un bail authentique ayant date certaine, et constatant que cet établissement lui est loué depuis plus d'un an, et qu'il a encore droit à sa possession pendant six ans au moins;

2° Un plan de sa fabrique accompagné d'un état récapitulatif conforme à l'état A ci-annexé, indiquant le nombre et la nature des ateliers dont elle se compose et les machines qui y sont en action;

3° Sa patente pour les années 1834 et 1835;

4° Un certificat délivré par le tribunal de commerce de l'arrondissement dans lequel sa fabrique est située, attestant qu'il n'est pas à la connaissance de ce tribunal que le signataire de la demande ait jamais été en état de faillite, ou, à défaut de ce certificat, un acte de notoriété qui contiendrait la même attestation, et qui aurait été dressé par l'autorité municipale sur la déclaration de trois fabricans ou négocians dûment patentés.

Si plusieurs chefs d'établissement se réunissent afin de présenter en commun une soumission, chacun d'eux devra produire les patentes et le certificat ci-dessus désignés, ainsi que la statistique et les plans de sa fabrique, établis conformément aux modèles ci-annexés ; ils joindront de plus à leur demande collective d'admission, 1° une statistique générale résumant la statistique particulière de chaque établissement ; 2° une copie légalisée de l'acte de l'association spéciale qu'ils auront dû former ; 3° un document authentique attestant que toutes les formalités prescrites par le Code civil et le Code de commerce, en matière de société, ont été ponctuellement remplies.

Les fabricans ou les sociétés dont les usines et les ateliers ne seraient pas réunis dans une même commune, devront joindre à leur demande un certificat délivré par le préfet ou le sous-préfet, attestant que ces usines et ateliers (les foulons seuls exceptés) sont situés dans un rayon d'un myriamètre (5,130 toises).

Vérification sur lieux.

4. Le Ministre fera vérifier sur les lieux, par les agens principaux du service de l'habillement, les ateliers et les usines des fabricans qui, dans le délai ci-dessus fixé, lui auront fait parvenir leur demande. Pour constater les résultats de cette vérification, il sera dressé un procès-verbal qui sera communiqué séance tenante aux fabricans, s'ils sont présents, ou à leur fondé de pouvoirs, et à la suite duquel ces fabricans ou leur représentant apposeront un visa pur et simple, ou consigneront telles observations qu'il leur paraîtrait convenable de présenter.

Admission et classement.

5. Après avoir recueilli tous les procès-verbaux de vérification, le Ministre ou son délégué, assisté d'une commission spéciale, arrêtera l'état des fabricans qui seront reconnus avoir rempli les conditions imposées par l'article 3 ci-dessus, et procédera immédiatement au classement de chacun d'eux dans l'une des huit catégories indiquées par l'état **A** ci-annexé; il leur adressera des lettres d'avis indiquant le nombre et la nature des lots pour lesquels ils auront été admis à concourir à l'adjudication, en raison du classement qui aura été établi et conformément d'ailleurs aux indications suivantes; savoir :

CATÉGORIES.	NOMBRE DE LOTS pour lesquels LES FABRICANS pourront soumissionner			LOTS qui pourront être définitivement adjugés à chaque maison.		MONTANT DU CAUTIONNEMENT à produire en exécution de l'art. 7. ci-après, par les fabricants déclarés aptes à exploiter le nombre de lots indiqués ci-contre (col. 5).
	Draps 22 ains.	Draps 18 et 19 ains.	TOTAL.	NOMBRE.	NATURE.	
1	2	3	4	5	6.	7.
1re	»	1	1	1	18 ains (18 et 19 ains).	12,000 francs.
2e	1	1	2	1	18 ains ou 22 ains....	12,000
3e	»	2	2	2	18 ains............	24,000
4e	2	2	4	2	Un lot 18 ains et un lot 22 ains, ou deux lots 18 ains ou 22 ains..	24,000
5e	»	3	3	3	18 ains............	36,000
6e	2	5	5	5	Trois lots 18 ains, ou deux lots 18 ains, et un lot 22 ains, ou enfin un lot 18 ains et deux lots 22 ains...	36,000
7e	»	4	4	4	18 ains............	48,000
8e	2	4	6	4	Quatre lots 18 ains, ou deux lots 18 ains, et deux lots 22 ains, ou trois lots 18 ains et un lot 22 ains.....	48,000

Nombre de soumissions à établir.

6. Les fabricans admis à soumissionner pour plusieurs lots pourront présenter soit une seule soumission stipulant un rabais unique pour tous les lots de draps 22 ains, et une autre soumission énonçant aussi un seul et même rabais pour tous les lots de draps 18 et 19 ains, soit une soumission spéciale pour chaque lot. Dans ce dernier cas, chaque soumission pourra stipuler un rabais différent.

Présentation des soumissions. — Cautionnement en deniers.

7. Chaque soumissionnaire, ou son fondé de pouvoirs porteur d'une procuration dûment enregistrée et légalisée, remettra en séance publique au Ministre, le jour de l'adjudication et sous une enveloppe cachetée, la soumission ou les diverses soumissions qu'il aura été admis à présenter.

Sous la même enveloppe devront être joints, indépendamment de la procuration dont il est parlé ci-dessus :

1° La lettre d'avis d'admission mentionnée en l'article 5 ;

2° Un certificat constatant qu'il a été versé, par le soumissionnaire ou en son nom, dans la caisse du trésor, comme dépôt de garantie et en numéraire, une somme de 12,000 francs pour chacun des lots qui pourraient lui être définitivement adjugés; laquelle somme lui sera rendue si ses offres ne sont pas acceptées, ou sera conservée dans les caisses publiques à titre de cautionnement définitif s'il est déclaré adjudicataire. Toutefois ceux des fabricans actuellement chargés du service qui ont produit un cautionnement et qui prendront part à l'adjudication seront dispensés d'effectuer ce dépôt, du moins jusqu'à concurrence du montant de leur cautionnement; mais ils devront joindre à la lettre d'avis d'admission une déclaration sur papier timbré, indiquant qu'ils affectent ce cautionnement à la garantie de leurs nouveaux engagemens.

Les fabricans admis à soumissionner pour les deux services remettront deux paquets distincts; l'un contenant seulement les soumissions pour les lots de draps 18 et 19 ains, et l'autre renfermant tout à la fois les soumissions pour la fourniture des lots de draps 22 ains, et la lettre d'avis d'admission ainsi que le certificat du dépôt du cautionnement proportionel.

Sur chaque enveloppe, le fabricant inscrira le nom de sa raison de commerce et la nature des services auxquels s'appliqueront les soumissions. (Draps 18 et 19 ains ou draps 22 ains.)

Rabais. — Prix de base.

8. Les soumissions que les fabricans seront admis à présenter devront être conformes au modèle qui leur sera transmis, et stipuler, en fractions décimales, un rabais de tant (*francs et centimes*) par cent francs sur tous les prix qui sont indiqués au tableau suivant, et dans lesquels se trouvent compris les frais d'un double emballage et ceux de transport des étoffes jusqu'aux destinations qui seront assignées aux fournitures , savoir :

DÉSIGNATION DES ÉTOFFES.	PRIX SERVANT DE BASE AU RABAIS que les soumissions devront stipuler.		OBSERVAT.
	Drap 22 ains.	Draps 18 ains et 19 ains, velours, flanelle.	
Blanc blanchi...........	10f 55c	7f 55c	
Bleu de roi teint en laine.................	12 80	9 70	
Vert dragon *idem*....	12 65	9 55	
Gris de fer pour habit.	11 62	8 50	
Idem pour capotes.	»	7 92	
Blanc piqué de bleu..	»	7 87	
Bleu céleste foncé teint en laine.............	11 65	8 53	
Rouge garance ⟨ laine..	12 35	9 30	
teint en.... ⟨ pièce.	11 50	8 50	
Brun marron ⟨ laine..	11 44	8 35	
teint en.... ⟨ pièce.	»	7 40	
Gris argentin.........	10 95	7 90	
Écarlate teint en pièce.	12 35	9 35	
Cramoisi *idem*.......	12 35	9 35	
Rose foncé *idem*.....	11 30	8 30	
Aurore *idem*.	11 40	8 40	
Jonquille *idem*......	11 15	8 15	
Bège.................	»	7 60	
Velours noir en 59/100 de large.		5 85	
Flanelle blanche en 79/100 de large..........		3 00	

(Row-label bracket at left: *Draps en 119/100 de large.*)

Prix limité. — Classement des soumissions.

9. Le Ministre déposera sur le bureau, au moment de l'adjudication, une note cachetée contenant le terme de rabais au-dessous duquel les fournitures ne seraient pas adjugées ; il donnera connaissance de cette limite, après la reception des soumissions, mais avant leur ouverture; puis il fera procéder au dépouillement des soumissions afférentes à la fourniture des draps 22 ains.

Ces soumissions seront classées d'après le chiffre du rabais qu'elles énonceront; ainsi, celle qui stipulera le plus fort rabais recevra le n° 1. Si plusieurs d'entre elles contiennent le même rabais, elles seront provisoirement classées à la suite les unes des autres, d'après l'ordre suivi pour l'ouverture des enveloppes.

Il sera procédé ensuite, de la même manière, au dépouillement et au classement des soumissions relatives à la fourniture des draps 18 et 19 ains.

2

Adjudication de la fourniture des draps 22 ains.

10. Après avoir donné connaissance aux fabricans du classement de leurs soumissions, le Ministre procédera à l'adjudication des lots de draps 22 ains, et proclamera adjudicataires de la fourniture de ces draps, jusqu'à concurrence de quatre lots, les signataires des soumissions qui auront atteint la limite indquée, et qui stipuleront les plus forts rabais.

Toutefois, si quelques-uns de ces signataires, en raison du classement des soumissions relatives à la fourniture des draps 18 et 19 ains, se trouvent dans le cas d'être déclarés adjudicataires aussi de lots de draps de cette nature, mais dans une propor¹ion excédant le nombre de lots qui pourraient en définitive leur ³e assignés, ils auront la faculté de renoncer à l'exploitation d'un ou de deux lots de draps 22 ains pour conserver leurs droits à l'obtention d'un nombre proportionnel de lots de draps 18 et 19 ains, mais dans le cas seulement où les lots ainsi délaissés seraient repris immédiatement, et aux mêmes prix, par les fabricans non adjudicataires. L'offre de ces lots sera faite en suivant l'ordre adopté pour le classement des soumissions.

Idem des draps 18 et 19 ains.

11. Les fabricans qui auront établi leurs soumissions dans les limites fixées par le Ministre, et qui auront souscrit les plus forts rabais, seront proclamés adjudicataires des quarante lots de draps 18 et 19 ains jusqu'à concurrence, pour chacun, du nombre de lots qui pourra lui être attribué en raison de la catégorie dans laquelle il se trouvera placé, et de la part qui lui aura déjà été définitivement assignée dans la fourniture des draps 22 ains.

Lots restés vacans.

12. S'il n'y a pas un nombre suffisant de soumissions dans la limite de rabais fixée par le ministre, l'adjudication pour les lots restés vacants (soit 22 ains, soit 18 et 19 ains) n'aura d'effet qu'à l'égard de ceux des fabricans qui, séance tenante, déclareront ramener leur soumission dans cette limite. Les fabricans dont les soumissions auront stipulé les plus forts rabais, seront admis les premiers à faire leur déclaration d'acceptation.

Soumissions stipulant les mêmes offres.

13. Si plusieurs fabricans ayant présenté des soumissions stipulant les mêmes rabais se trouvent avoir ainsi des droits égaux dans les cas prévus par les articles 10, 11 et 12 ci-dessus, à la possession d'un ou de plusieurs lots de draps 18 et 19 ains ou 22 ains, et s'ils ne consentent pas à faire l'abandon de ce droit à l'un d'eux, ils seront tous admis, séance tenante, à rectifier en secret leurs soumissions et à concourir ainsi entre eux à une seconde adjudication pour les lots vacants. Ces lots seront adjugés à ceux des soumission-

naires qui, en définitive, auront souscrit le plus fort rabais. Le fondé de pouvoirs d'un fabricant absent ne pourra rectifier la soumission de ce fabricant, pour la seconde adjudication, qu'autant qu'il y aura été spécialement autorisé par la procuration dont il aura fait le dépôt.

Prix pour les lots adjugés.

14. L'adjudication de la fourniture des draps 18, 19 et 22 ains, aura lieu pour chaque fabricant au prix résultant du rabais qu'aura stipulé sa soumission.

Toutefois, s'il n'existe pas une différence de plus de 3 p. 0/0, sur les prix de base, entre le plus fort et le moins fort rabais, il sera, pour chaque service, établi entre tous les rabais un terme moyen qui deviendra commun à tous les lots de ce service, et dont les conséquences seront obligatoires pour tous les adjudicataires.

Si la différence existant entre les offres excède 3 p. 0/0, et si dès lors on ne peut assigner de droit un terme moyen aux rabais, il en sera du moins établi un pour les divers lots adjugés à la même maison à des prix différens. Dans ce même cas, si plusieurs fabricans désirent qu'il soit également établi un terme moyen entre les divers rabais stipulés dans leurs soumissions, ils devront en faire la demande par écrit au Ministre, dans les trois jours qui suivront celui de l'adjudication. Tout fondé de pouvoirs ne pourra prendre part à cette demande que s'il y est spécialement autorisé par la procuration déposée.

Prix pour les lots vacans.

15. Le Ministre disposera à son gré de tous les lots de draps 18, 19 ou 22 ains, qui n'auront pas été adjugés; mais, s'il n'en fait pas l'objet d'une adjudication nouvelle, il ne pourra les attribuer à une fabrique quelconque à un prix plus élevé que celui qui résultera du rabais énoncé dans la note cachetée.

Composition des lots

16. Chacun des lots comportera annuellement 15 à 20 mille mètres de draps 22 ains ou 20 à 30 mille mètres de draps 18 ou 19 ains.

Chaque lot se composera d'un assortiment de toutes les natures d'étoffes nécessaires à l'habillement de l'armée; et la proportion qui sera annuellement déterminée pour chaque nature d'étoffes dans la composition d'un lot, sera la même pour tous, autant que possible.

Commande générale et annuelle

17. Dans le courant des quatre premiers mois de chaque année, mais en 1835 dans les 15 jours qui suivront l'adjudication, le Ministre fera connaître par une commande générale, aux adjudicataires,

les quantités de chaque espèce d'étoffe qu'ils seront appelés à fournir pour le service de l'année suivante, dans les proportions stipulées au 1er paragraphe de l'article 16 ci-dessus.

Ces étoffes devront se trouver disponibles dans leurs magasins aux époques ci-après, savoir :

Le 1er tiers le 1er octobre
Le 2e tiers le 1er novembre } de l'année courante ;
Le 3e tiers le 1er avril   de l'année suivante ;

mais, par exception, pour la 1re année. . . . . { le 1er janvier 1836.
{ le 1er février id.
{ le 1er juin   id.

Lorsque le Ministre jugera convenable d'adresser une commande générale supplémentaire dans les limites fixées par l'article précédent, les quantités d'étoffes désignées dans cette commande devront être tenues à sa disposition dans un délai de neuf mois à compter du jour de la réception de la commande.

Le Ministre fera constater, lorsqu'il le jugera convenabe, l'existence de ces approvisionnemens, ainsi que la qualité des étoffes dont ils se composeront; et pourra réduire la quotité assignée à l'adjudicataire qui n'aurait pas disponibles, aux époques de rigueur ci-dessus, les étoffes indiquées sur les commandes générales.

Délai dans lequel l'administration prendra livraison des étoffes préparées.

18. Les commandes générales annuelles ne pouvant avoir pour base qu'une évaluation approximative des besoins présumés de l'année suivante, les adjudicataires ne pourront mettre le Ministre en demeure d'employer la totalité des étoffes qu'elles indiqueront dans l'année même pour le service de laquelle elles auront été préparées ; mais les quantités surabondantes devront être employées dans l'année suivante, et par imputation sur les quantités portées dans les commandes générales afférentes à cette même année. Toutefois, dans la dernière année des marchés, c'est-à-dire en 1840, l'administration devra prendre livraison de la totalité des étoffes portées sur les commandes générales de cet exercice.

Approvisionnement ou cautionnement en matière.

19. Chacun des adjudicataires sera tenu d'entretenir constamment dans le magasin de l'État qui lui sera désigné, à titre de cautionnement en matières, un approvisionnement qui demeure fixé, savoir :

Pour chaque lot de fourniture { de draps 22 ains à . . . . . 3,000 mètres.
{ de draps 18 et 19 ains à . . 5,000 mètres.

Cet approvisionnement devra être réalisé avant le 15 janvier 1836; les quantités d'étoffes dont il se composera seront indépendantes de celles qui, conformément aux dispositions de l'article 18 ci-dessus, doivent être préparées en exécution des commandes générales et annuelles. Il est bien entendu que dans la dernière année du service, les adjudicataires auront la faculté de faire emploi de l'approvisionnement, à moins que le ministre ne leur ait fait connaître dans les quatre premiers mois de l'année 1839, qu'il en prendrait livraison en sus des quantités de drap portées dans les commandes générales.

Les étoffes composant l'approvisionnement seront examinées et reçues, refusées ou rejetées d'après le mode déterminé ci-après pour les draps dont l'administration devra prendre livraison définitive.

Transmission des ordres de fourniture.

20. Les commandes spéciales pour l'exécution des fournitures seront transmises aux adjudicataires par les intendans militaires des divisions dans l'étendue desquelles sont situées les fabriques; en cas d'urgence, elles leur seront adressées directement par le Ministre, qui en donnera avis en même temps aux intendans divisionnaires.

Délai assigné pour l'exécution de ces ordres.

21. Ces commandes seront ordinaires ou d'urgence.

Les commandes d'urgence qui, hors les cas prévus ci-après (art. 40), ne sauraient, à moins d'indemnité spéciale, excéder dans lo cours d'une année le dixième des fournitures afférentes à cet exercice, devront être exécutées dans les trois jours qui suivront leur réception, et les étoffes devront parvenir à destination, en parcourant douze lieues de poste par jour.

Les commandes ordinaires seront exécutées dans les huit jours de leur réception, et les étoffes devront parvenir à destination en parcourant six lieues de poste par jour.

Il sera accordé en sus aux fabricans une tolérance de trois jours seulement, pour les cas d'urgence, et de huit pour les cas ordinaires.

Avis à donner au Ministre après l'expiration du délai.

22. Si, à l'expiration de ces délais, la fourniture, alors même qu'elle serait uniquement destinée à compléter l'approvisionnement prescrit par l'art. 19 ci-dessus, n'est point parvenue à destination, il en sera donné avis au ministre, afin que l'administration, lorsque le cas d'urgence lui aura été signalé, fasse expédier sur-le-champ, par telle voie qu'elle jugera convenable, les quantités d'étoffes nécessaires en remplacement de celles qui ne seraient pas parvenues. S'il n'y a pas urgence, et si dès lors on a accordé un nouveau délai au fabricant, l'avis donné au Ministre fera mention de ce délai.

Conformité des étoffes aux types.

23. Les étoffes à fournir par les adjudicataires devront être conformes aux échantillons-types arrêtés par le Ministre, et communiqués aux soumissionnaires avant l'adjudication; toutefois on ne

pourra exiger qu'il y ait *identité absolue*, mais il devra y avoir toujours *analogie complète dans les quantités;* et c'est *en ce sens* que la *conformité* entre les types et les draps présentés *est imposée* aux fabricans.

Conditions de fabrication.

24. Les draps devront réunir les qualités suivantes :

1° Les laines seront lavées par les meilleurs procédés usités, parfaitement dégraissées, et soigneusement épurées de tous corps étrangers.

Les laines teintes en bleu, en vert ou en noir seront en outre lavées après la teinture, de manière à être dégagées des parties de matières colorantes non fixées.

2° Le chef des draps blancs et de toute couleur aura 12 centimètres de hauteur, y compris les deux liteaux, chacun d'un centimètre 5 millimètres.

3° La partie réservée entre les liteaux portera le nom de la fabrique où l'étoffe aura été préparée, le numéro de la pièce, le nombre des fils figuré par cette expression 22 ains pour les draps destinés aux habits, pantalons, etc., des sous-officiers; 19 ains pour le drap blanc piqué de bleu des manteaux de toute la cavalerie; 18 ains pour ceux destinés à l'habillement des soldats de toute arme. Ces indications seront en laine blanche sur les pièces de drap garance teint en laine.

A l'égard des pièces d'étoffes qui seront fournies par les sociétés autorisées, elles porteront en outre, entre les deux liteaux, l'indication de la raison commerciale de la société.

4° Les lisières devront avoir six ou sept fils formant après le foulage une largeur de 18 millimètres environ; celles des draps bleu, vert, blanc piqué de bleu, gris de fer, gris argentin, bleu de ciel, marron teint en laine et bège, devront être jaunes dans toute la longueur de la pièce.

Les lisières des draps blancs et des draps teints en pièce seront tissues en laine gris-brun ou noir naturel.

Les lisières des draps garance teints en laine seront composées de sept fils de laine complètement blanche.

5° Les draps lisses 22 ains devront avoir 70 portées de 32 fils chaque, produisant au total 2,240 fils.

Les draps lisses 18 ains devront avoir 57 portées de 32 fils, produisant 1,824 fils au total.

6° Le drap blanc piqué de bleu sera mélangé en chaîne et en trame, il aura 60 portées ou 1,920 fils.

7° La largeur moyenne des draps de toute espèce devra être de 119 centimètres entre lisières. Toutefois ces draps pourront être reçus, lorsqu'ils auront, soit quelques centimètres de plus, soit de 1 à 9 centimètres de moins : dans le premier cas, le fabricant n'aura droit à aucune bonification en raison du surcroît de largeur de l'étoffe;

dans le second cas, au contraire, il tiendra compte de la différence, savoir :

Pour les pièces de drap dont la largeur moyenne sera de 118, 117, 116 ou 115 centimètres, par une simple réduction, sur la longueur d'une quantité d'étoffe égale à l'insuffisance de largeur ; et, pour les pièces dont la largeur moyenne sera au-dessous de 115 centimètres, par une réduction sur la longueur, savoir.

De 7 pour cent sur les pièces en 114ᵉ de large.
De 8   Id.   Id.   en 113   Id.
De 9   Id.   Id.   en 112   Id.   } (1)
De 10   Id.   Id.   en 111   Id.
Et de 11   Id.   Id.   en 110   Id.

Les pièces de drap qui auront été admises en raison de leur conformité avec les types, mais qui, lors du métrage, seront reconnues avoir une largeur moyenne au-dessous de 110, ne pourront être reçues ; elles seront remises à la disposition de l'expéditeur, et la marque d'admission dont elles auront été frappées dans les magasins de l'État, conformément aux dispositions de l'art. 29 ci-après, sera effacée par l'application d'un cachet noir.

8° La flanelle aura 79 centimètres de largeur, et le velours 59 centimètres ; toutefois ces deux espèces d'étoffes pourront être admises sous une autre largeur, sauf compensation.

9° Il ne sera employé dans la filature de la chaîne et de la trame que des laines mères, sans aucun mélange de laines proscrites, telle que celle dite *pelade,* et celle d'agneau, dont l'emploi est expressément défendu.

10 Les lames et peignes des métiers à tisser ne pourront avoir une dimension moindre de 2 mètres 10 centimètres, non compris la partie réservée pour les lisières.

Le tissage sera fait en trame mouillée, le degré de finesse de la filature et de la trame sera régulièrement proportionné, c'est-à-dire que la trame, quoique un peu moins tordue que la chaîne, devra avoir toute la consistance nécessaire pour que l'étoffe, qui doit être frappée par deux coups égaux, présente en toile un tissu serré,

---

(1) Ainsi 22ᵐ de draps { en 118 seront admis pour 21ᵐ 81
en 117   idem   21 63
en 116   idem   21 44
en 115   idem   21 26

et 22ᵐ. . . . . { en 114 seront admis pour 20ᵐ 46
en 113   idem   20 24
en 112   idem   20 02
en 111   idem   19 80
en 110   idem   19 58

bien condensé; et qu'après le foulage le drap ne puisse être ni creux, ni lâche, ni cordant.

11° Les draps seront apprêtés à deux eaux et recevront les coupes nécessaires d'endroit et d'envers.

12° Les draps seront parfaitement dégraissés par les meilleurs procédés usités, et ils seront foulés au savon; tout étoffe qui, soit au toucher, soit à l'odeur, sera jugée mal dégraissée devra être refusée sans aucune considération pour sa qualité.

13° Le drap bleu sera teint à l'indigo pur sans aucun avivage.

Les draps rouges garance seront teints à la garance pure aussi et sans avivage. Ceux qui seront teints en pièce devront, avant le bouillon d'alun, recevoir un pied de garance. Pour constater cette opération, on formera deux rosettes entre les liteaux du chef de chaque pièce après le bouillon d'alunage, la nuance (garance pâle) de ces rosettes devra se rapprocher de celle de l'échantillon spécial qui sera adopté par le Ministre, et leur tranche devra présenter la même teinte que leur superficie.

Les draps écarlate, cramoisi et aurore seront teints à la cochenille pure.

14° Les draps teints en pièce seront dégorgés au foulon, au retour de la teinture.

Ceux qui auraient été mal dégorgés et qui laisseraient échapper de la couleur devront être refusés.

15° Les draps blancs et ceux destinés à être teints en couleur distinctives seront fabriqués en laine blanche bien épurée et sans aucun mélange de laine teinte.

16° Les étoffes seront pressées à chaud, mais on n'emploiera que des cartons froids pour séparer les plis; le drap sera légèrement arrosé d'eau pure, toute aspersion de colle ou de préparation glutineuse quelconque est expressément interdite et sera considérée comme acte frauduleux.

17° Sera considéré aussi comme acte frauduleux l'emploi de tout apprêt dit indestructible.

Modifications dans le mode de fabrication ou de teinture.

25. Le Ministre aura la faculté, en en donnant avis en temps utile, de faire apporter dans les procédés actuellement en usage pour la fabrication des draps ou dans la teinture des laines ou des tissus, tous les changemens qu'il jugera nécessaires. Ce cas échéant, les modifications qu'auront à subir les prix des étoffes à raison des changemens apportés dans la fabrication ou la teinture, seront réglés par des arbitres que désignera la chambre de commerce de Paris. Toutefois les conditions nouvelles ne pourront être imposées aux adjudicataires; mais ces fabricans devront dans un délai de trois mois faire connaître s'ils consentent à se soumettre à ces conditions; s'ils

s'y refusent, ils ne participeront plus à la fourniture des draps dont le mode de teinture ou de fabrication aura été changé, et leur lot sera réduit d'une quantité d'étoffe égale à celle des draps de cette nature qu'ils auraient dû livrer d'après la composition des lots annuels.

Délai fixé pour la vérification des étoffes.

26. Les étoffes fournies par les adjudicataires seront livrées ou expédiées directement par eux ou par leurs fondés de pouvoirs, aux conseils d'administration des corps de troupe, ou aux comptables des magasins généraux, soit pour être versées définitivement dans un établissement, soit pour y être déposées à titre d'approvisionnement, conformément à l'article 19 ci-dessus.

La vérification, la réception définitive, le refus ou le rejet provisoire, même à l'égard des étoffes destinées à former l'approvisionnement, devront s'effectuer dans les huit jours de l'arrivée des ballots et colis à moins d'impossibilité dûment constatée ; dans ce cas, le sous-intendant militaire déterminera le délai dans lequel la vérification devra avoir lieu.

Commissions de vérification.

27. Dans les magasins des corps de troupe il sera procédé à la vérification, par une commission renouvelable tous les six mois ou tous les ans, et composée de trois membres du conseil d'administration, dont un lieutenant-colonel, ou un chef de bataillon ou d'escadron ; ces trois membres seront désignés par le conseil. Lorsque l'officier d'habillement n'aura pas été nommé membre de la commission, il n'en devra pas moins assister aux vérifications et être entendu toutes les fois qu'il en fera la demande, mais, dans ce cas, il n'aura que voix consultative.

Le conseil désignera aussi, mais hors de son sein, trois officiers suppléans et autant que possible du même grade que les titulaires.

La nomination des uns et des autres et les remplacemens que les mutations rendraient nécessaires seront l'objet d'une délibération spéciale, consignée au registre du conseil. Dans les corps dont le conseil d'administration ne se compose que de trois membres, ces trois officiers formeront la commission, et n'auront pas de suppléans.

La présidence appartiendra au plus élevé en grade, ou au plus ancien à grade égal.

Le maître tailleur du corps sera appelé et entendu.

Dans les magasins de l'Etat, la commission chargée de procéder à la réception des draps sera composée ainsi qu'il suit :

Président, le sous-intendant militaire chargé de la surveillance administrative du magasin.

Membres. · { titulaires, trois officiers ;
{ suppléans, trois officiers ;

Et un expert ayant voix consultative.

Les officiers devront être du même grade; ils seront désignés par l'officier général commandant le département, parmi les officiers supérieurs ou les capitaines des corps de troupes employés sur les lieux, et, autant que possible, appartenant à des armes différentes.

Dans tout magasin de l'Etat, près duquel sera employé un agent principal du service de l'habillement, ce fonctionnaire sera de droit membre de la commission, qui dans ce cas sera composée d'un président ou d'un vice-président et de quatre membres. Dans les autres magasins, l'agent comptable de l'établissement sera présent aux vérifications; il devra être entendu lorsqu'il en fera la demande, mais il n'aura que voix consultative.

Lorsque le sous-intendant militaire ne pourra prendre part aux délibérations, un des officiers suppléans sera appelé, et la présidence sera déférée au plus ancien en grade.

L'expert sera choisi et pourra être révoqué par l'intendant divisionnaire, mais il ne pourra être maintenu en fonctions au-delà d'une année, à moins d'une autorisation spéciale accordée par le ministre, sur la demande qui lui en aurait été faite par la commission et par l'intendant divisionnaire.

La commission ne pourra délibérer lorsqu'il y aura moins de trois membres présens, non compris le président ou le vice-président.

L'admission des étoffes ne pourra être prononcée qu'à l'unanimité ou à la majorité de deux voix contre une dans les corps de troupe, sauf le cas prévu par l'article 29 ci-après; et de trois voix contre une ou contre deux, dans les magasins de l'Etat.

Les résultats des décisions seront consignés, savoir :

Pour les commissions formées dans les magasins de l'Etat, sur un registre conforme au modèle n° 1 ci-joint;

Et pour les commissions composées des délégués des conseils d'administration, sur des feuilles semblables au modèle ci-annexé (n° 3).

Comment il sera procédé à la vérification.

28. La vérification s'effectuera sur les échantillons-types adressés par le ministre de la guerre et revêtus de son cachet.

Toutes les pièces d'étoffes seront décaties avant la vérification, et chacune d'elles sera passée au rouleau; la teinture en sera éprouvée par les procédés d'usage, ou qu'indiquera le Ministre.

Admission des étoffes.

29. Si les étoffes sont reconnues conformes aux échantillons-types, et si elles réunissent les conditions prescrites, elles devront être immédiatement et définitivement admises; toutefois, lorsque la vérification aura lieu dans le magasin d'un corps de troupe et que le sous-intendant militaire aura cru devoir assister à l'opération, si les draps ne lui paraissent pas semblables aux types, et si d'ailleurs les

étoffes n'ont été reçues qu'à la simple majorité de deux voix contre une, il pourra, en adoptant l'avis de la minorité, partager les voix et en conséquence faire surseoir à l'admission des étoffes, et procéder à une contre-expertise, d'après les règles tracées par l'article 33 ci-après.

Dans les magasins de l'État, chaque pièce admise sera frappée d'un timbre à chaque extrémité du chef et très-près de la lisière ; le cachet servant à l'application de ce signe sera réintégré à la fin de chaque séance dans une cassette fermée à deux serrures, dont les clefs seront déposées, l'une entre les mains du président, et l'autre, entre celles de l'un des membres de la commission

Après qu'il aura été procédé, comme il est dit articles 37 et 38 ci-après, au métrage des pièces admises, le fabricant expéditeur recevra, ou il lui sera envoyé un récépissé (modèles ci-annexés nᵒˢ 4 et 5); des mandats ou des extraits de procès-verbaux conformes aux modèles ci-joints (nᵒˢ 6 et 7), destinés à servir au paiement de la fourniture, seront envoyés à l'intendant divisionnaire, qui les transmettra au ministre, par des envois périodiques le 1ᵉʳ et le 16 de chaque mois.

Lorsque la fourniture aura pour objet la formation de l'approvisionnement prescrit par l'article 19 ci-dessus, il en sera adressé récépissé au fabricant, mais il ne sera transmis au ministre ni mandat, ni extrait du procès-verbal de réception.

Refus provisoires d'étoffes jugées réparables.

30. Seront *provisoirement refusés* et déclarés *réparables* :

1° Les draps mal dégrais-és ou mal lavés ;

2° Les pièces d'étoffes inégalement foulées ou pailleuses ;

3° Les draps blancs mélangés de poils de couleur ;

4° Les étoffes teintes en pièce dont la nuance ne sera pas suffisamment conforme à celle de l'échantillon-type ;

5° Les étoffes trop hautes de poil ;

6° Celles qui seront tondues trop près et dont le tissu sera découvert, mais dont la corde ne sera pas affectée.

Rejets provisoires d'étoffes irréparables.

31. Seront *rejetés provisoirement* et déclarés devoir être frappés d'un *signe de rebut* pour en empêcher la reproduction :

1° Les draps qui, pour des causes autres que celles énoncées en l'article 30 ci-dessus, ne rempliront pas les conditions imposées par l'article 24, et qui, sous le rapport de la qualité de la laine, de la fabrication et de la teinture, paraîtront n'avoir pas avec l'échantillon-type le degré de conformité désirable ;

2° Les pièces d'étoffes qui, ayant été soumises à un apprêt frauduleux, n'auraient pu en être totalement purgées par l'action du décatissage ;

3° Enfin , celles qui seraient fortement entachées de tares, de ribaudures , de barres , etc. Il est bien entendu cependant que, lorsque ces défectuosités seront en petit nombre, et que le déficit qu'elles devront occasioner dans la coupe pourra être évalué et compensé par une déduction sur la longueur , on devra admettre cette compensation , toutes les fois du moins que les étoffes seront, d'ailleurs , conformes à l'échantillon-type.

Destinations données aux étoffes refusées ou rejetées.

32. Lorsque , dans les magasins de l'Etat ou dans les corps de troupe , la commission de vérification aura conclu au refus ou au rejet partiel ou total des étoffes livrées par l'un des adjudicataires , il en sera donné avis à ce fabricant , s'il est sur les lieux, ou à son fondé de pouvoirs, s'il s'est fait représenter. Si ce fabricant ou son fondé de pouvoirs déclare adhérer au jugement rendu, sa déclaration sera insérée au registre des séances ou sur la feuille de vérification de la commission, et il apposera sa signature au bas de cette déclaration , dont il sera donné connaissance immédiatement au sous-intendant militaire , lorsqu'elle n'aura pas été faite en sa présence.

Si les étoffes ont été déclarées non réparables , elles seront rendues à l'expéditeur ; mais préalablement et pour empêcher qu'elles ne soient présentées de nouveau dans l'armée , elles seront frappées d'un signe de rebut , c'est-à-dire qu'en présence des membres de la commission de vérification , il sera enlevé de chaque pièce de drap un morceau triangulaire dont chacun des côtés aura dix centimètres ; ce morceau sera pris tout à la fois dans le chef de la pièce et dans la pièce même.

Si les draps ont été jugés pouvoir être réparés , ils seront renvoyés immédiatement à la consignation de l'intendant ou du sous-intendant militaire employé près du lieu où sera établie la fabrique qui les aura livrés. Le sous-intendant militaire chargé de la surveillance administrative du corps ou du magasin expéditeur donnera avis du renvoi à son collègue, et lui adressera un état indiquant les numéros des pièces refusées et les causes du refus. Ce renvoi aura lieu par l'entremise des entrepreneurs généraux du service des transports de la guerre aux frais du fabricant, et aux prix stipulés par le traité passé entre ces entrepreneurs et l'administration (1).

Toutefois, lorsqu'un fabricant réclamera, séance tenante, ou lorsqu'il aura réclamé à l'avance, l'autorisation de faire réparer ses étoffes dans les ateliers désignés par lui, et voisins du lieu où la li-

---

(1) Pour que les frais de transport ne puissent eu aucun cas figurer dans les comptes que les entrepreneurs soumettent au département de la guerre, MM. les sous-intendants militaires devront consigner, à l'encre rouge en tête des ordres d'expédition et des procès-verbaux de pesée, l'annotation suivante : « Transport d'étoffes, dont les frais seront payés directement à l'entrepreneur, par M.........fabricant de drap à..........»

vraison aura été faite, et qu'il sera notoire qu'elles pourront être réparées et représentées dans le délai que le sous-intendant militaire aura fixé conformément aux dispositions de l'article 35 ci-après, pour le remplacement des pièces non admises, on lui remettra, sur récépissé portant numéro, les pièces de draps jugées réparables, mais à la charge par lui de prendre par écrit l'engagement de représenter ces mêmes pièces à la commission, dans le délai qui aura été déterminé, alors même que les opérations subies par ces draps n'auraient pas eu de succès. Les fabricans qui, sous un prétexte quelconque, s'abstiendront de reproduire les pièces de drap qui leur auront été ainsi confiées seront, de droit, privés à l'avenir du bénéfice de la présente disposition.

Dans tous les cas, un extrait de la délibération conforme au modèle nº 8 sera transmis au Ministre.

Arbitrage en cas de contestation.

33. Si le fabricant n'est pas sur les lieux et s'il n'est pas représenté, ou s'il n'adhère pas au jugement de la commission, trois arbitres seront appelés, et statueront en présence du sous-intendant militaire, et en dernier ressort, sur l'admission ou le rejet des étoffes provisoirement refusées ou rejetées.

L'un des arbitres sera nommé par la commission, qui toutefois ne pourra faire choix de celui dont elle aurait accueilli l'avis lors du premier examen, mais qui aura la faculté de désigner soit un fabricant, ou un marchand de tissus de laine, soit un maître tailleur civil ou militaire.

Un autre arbitre sera désigné par le maire de la commune, et choisi parmi des fabricans ou des marchands de tissus de laine dûment patentés, ou à défaut parmi des maîtres tailleurs civils.

Quant au troisième arbitre, il devra être désigné par l'expéditeur et choisi, soit parmi des fabricans et des marchands d'étoffes de laine ou des maîtres tailleurs civils dûment patentés, soit parmi les habitans de la commune ou des communes environnantes qui auraient exercé précédemment l'une de ces professions.

Si le fabricant ou son fondé de pouvoirs n'est pas présent, et si à l'avance il n'a pas désigné un arbitre pour assister, le cas échéant, à une contre-expertise, cet arbitre, choisi d'ailleurs comme il est dit au paragraphe précédent, sera désigné d'office par le maire de la commune, sur la demande que lui en fera le sous-intendant militaire.

Ce sous-intendant militaire, entre les mains duquel les arbitres prêteront le serment d'usage, dressera procès-verbal de l'expertise; les draps et l'échantillon-type seront présentés aux arbitres; on mettra aussi sous leurs yeux le présent cahier des charges, et lecture sera faite par le sous-intendant militaire, des articles 24, 28, 30, 31, 32 et 33.

La commission qui aura prononcé le rejet provisoire se fera

représenter par un seul de ses membres, auquel elle déléguera le soin d'expliquer aux arbitres les causes qui ont déterminé ce rejet; le fabricant ou son représentant sera ensuite entendu, s'il est présent. Après avoir recueilli toutes les observations que les parties auront cru devoir présenter, et après avoir provoqué et reçu toutes les explications nécessaires, les arbitres délibéreront entre eux, secrètement, s'ils le désirent, et statueront ensuite en présence du sous-intendant militaire, ainsi que des parties intéressées; chacun d'eux fera connaître son opinion personnelle, qui sera consignée au procès-verbal. Comme il est dit ci-dessus, leur décision sera sans appel, soit qu'il y ait unanimité, soit qu'il y ait seulement majorité, et lorsque cette décision confirmera le rejet provisoire, les arbitres indiqueront si les étoffes doivent être renvoyées en fabrique pour être réparées, ou s'il y a lieu de les flétrir, et dans ce cas ils feront appliquer en leur présence le signe de rebut.

Toutes ces circonstances seront d'ailleurs mentionnées au procès-verbal; si une ou plusieurs pièces ont été admises, on dressera, dans les corps de troupe, pour en constater le métrage, un état conforme au modèle n° 3.

Réception des pièces admises par les arbitres.

34. Il sera fait recette immédiate des pièces d'étoffes que les arbitres auront déclaré devoir être admises, lorsque du moins leur largeur ne sera pas au-dessous de 110 centimètres; et l'on se conformera, pour l'envoi des récépissés, des mandats ou des extraits de procès-verbaux, à ce qui est prescrit par l'article 29 ci-dessus.

Dans les magasins de l'état, ces étoffes ainsi reçues contrairement à l'avis de la commission de vérification seront frappées, aux deux extrémités du chef et près de la lisière, d'un timbre spécial ayant pour légende ces mots : *admis par arbitres; magasin de*....... Ce timbre sera renfermé dans la cassette à deux clefs dont il est parlé en l'article 29.

Remplacement des étoffes refusées ou rejetées.

35. Lorsque des étoffes auront été refusées, ou rejetées et que le refus ou le rejet sera définitif soit par l'aquiescement du fabricant expéditeur, ainsi que le cas est prévu par l'article 32 ci-dessus, soit par jugement d'arbitres, le sous-intendant militaire, en se conformant aux dispositions de l'article 21, fixera le délai dans lequel on devra effectuer le remplacement des étoffes flétries ou la reproduction des pièces jugées réparables. S'il y a urgence, il n'assignera aucun déla ,mais il prendra immédiatement les ordres du Ministre, et en rendra compte à l'intendant divisionnaire. Dans tous les cas, il remettra dans les quarante-huit heures au fabricant expéditeur, soit un extrait du registre ou de la feuille de vérification, soit, en cas d'arbitrage, un extrait du procès-verbal, énonçant les causes du refus ou du rejet de chacune des pièces non admises, ainsi que le

numéro de ces pièces; il lui fera connaître le délai fixé pour le remplacement, ou il le préviendra que, vu l'urgence, il s'est adressé au Ministre pour obtenir ce remplacement par telle voie que l'administration jugerait convenable. Lorsque le fabricant ne sera pas sur les lieux, et qu'il n'y sera pas représenté, cet extrait et l'avis du délai devront lui être adressés à son domicile.

Un autre extrait, mais plus succinct et conforme d'ailleurs au modèle ci-annexé (n° 8) sera adressé au ministre soit par le sous-intendant militaire, s'il y a urgence, soit, dans les cas ordinaires, par l'intermédiaire de l'intendant divisionnaire. L'envoi de ces états aura lieu même pour des rejets afférens à l'approvisionnement de prévoyance.

Décatissage.

56. Les étoffes seront toujours expédiées non décaties.

Le décatissage en sera fait dans les magasins de l'Etat, comme dans ceux des corps de troupe, soit par l'exposition du drap à la vapeur de l'eau, soit en le mouillant avec une éponge imbibée d'eau froide et limpide, soit enfin en le roulant sur une toile mouillée.

L'immersion du drap à pleine eau, l'action de le battre et de le tordre comme un linge, sont formellement interdites.

L'emploi de tout procédé ayant pour objet de restreindre le retrait ou de procurer à l'étoffe un lustre quelconque, est également défendu.

Les fabricans pourront exiger que les pièces de drap qu'ils auront livrées à des corps de troupe, soient décaties dans les établissemens qu'ils désigneront, pourvu que ces établissemens soient situés dans les lieux de garnison, et sous la condition qu'ils n'auront recours à aucun des modes de décatissage interdits par le présent article, et qu'enfin les frais, y compris ceux de déplacement des étoffes, n'excéderont pas quatre-vingt centimes par pièce.

Métrage.

37. Le métrage des étoffes sera fait à la table.

Les pièces seront mesurées au pli du milieu, et en commençant par la queue; elles seront posées sur une table étalonnée de 2 mètres de longueur et de 600 millimètres au moins de largeur; elles seront maintenues fortement sur l'une des extrémités de cette table, et tendues de l'autre, de telle manière que le métreur puisse obtenir un accroissement de longueur de 2 centimètres; le métreur marquera à la craie le point qui touchera l'extrémité de la table, afin que les 2 centimètres de longueur obtenus par l'effet de la tension, soient reportés sur la tablée suivante; on pourra procéder aussi de la manière ci-après indiquée, qui d'ailleurs devra, s'il est nécessaire, servir de contrôle à la première : le drap sera franchement étendu sur la table, de manière à n'y laisser aucun pli, mais il ne sera soumis à aucune tension, et chaque tablée de 2 mètres sera admise pour 2 mètres 02 cent., en sorte qu'une pièce de drap ayant 21 mètres 50 cent. sans avoir été soumise à la tension, sera reçue pour une longueur de 21 mètres 71 cent.

Pour déterminer la largeur d'une pièce de drap, on constatera celle de l'étoffe à l'extrémité de chaque tablée, sans tenir compte des excédans de largeur réglementaire ; et le terme moyen de ces largeurs diverses sera adopté comme largeur unique de la pièce (1). Il est bien entendu que toutes les fois que le pli du drap ne sera pas exactement au milieu de la pièce, la largeur sera mesurée depuis ce pli jusqu'à la naissance de la lisière du côté le plus étroit.

Mode de constater les résultats du métrage.

38. Dans les magasins des corps, lorsque le mesurage des étoffes, comparé à celui qu'indiquera la facture du fabricant expéditeur, présentera une différence supérieure à celle que le décatissage aura dû occasioner, c'est-à-dire plus de deux à trois pour cent, y compris les réductions pour imputation de tares, ribaudures, etc., le conseil d'administration en donnera avis au sous-intendant militaire, qui fera procéder en sa présence à un nouveau mesurage dont les résultats seront définitifs, et devront être notifiés au fabricant par une annotation mise en marge du récépissé de la fourniture dont il est parlé à l'article 29. Si le fabricant ou son représentant assiste au premier métrage, et s'il en reconnaît l'exactitude, ou s'il a déclaré par écrit et à l'avance qu'il s'en rapporterait à la commission de vérification, l'intervention du sous intendant-militaire n'aura pas lieu.

Dans les magasins de l'État, les fabricans ou leurs fondés de pouvoirs devront assister au métrage ; du moins, il leur sera donné avis du jour où cette opération devra avoir lieu, mais s'ils ne se présentent pas à l'heure indiquée, on procédera en leur absence, et les résultats du métrage seront définitifs.

Retrait de l'étoffe au décatissage.

39. Il ne sera pas tenu compte au fabricant du retrait qui résulte du décatissage, et qui est évalué dans les précédens cahiers des charges à 1 1/2 pour cent. Ainsi les corps et les magasins de l'État ne feront recette et ne donneront récépissé que des quantités réelles résultant du métrage en mesure d'ordre, après décatissage (2).

---

(1) Voir le tableau B ci-annexé.

(2) On croit devoir appeler spécialement l'attention des fabricans sur cet article qui consacre une innovation réclamée dans l'intérêt de la comptabilité intérieure des corps de troupe, mais dont la conséquence sera, comparativement à l'état actuel des choses, une *réduction de un et demi pour cent* sur le montant des fournitures.

Mode de remplacement des étoffes rejetées ou non livrées en temps utile.

40. Lorsque, dans les cas prévus par les articles 22 et 35 ci-dessus, tout ou partie d'une fourniture d'étoffes aura été rejeté ou ne sera pas parvenu en temps utile, le Ministre fera expédier des magasins de l'Etat les quantités de drap nécessaires, aux frais du fabricant en défaut, et par les entrepreneurs du service des transports de la guerre(1), soit par la voie ordinaire, soit par la voie accélérée, soit même par la diligence s'il y avait urgence et si les étoffes rejetées ou non parvenues étaient destinées à remplacer des étoffes précédemment refusées : du reste, le fabricant retardataire devra en livrer pareille quantité dans celui des établissemens qui lui sera désigné.

Le Ministre pourra aussi confier la fourniture à un autre maison ; mais alors le fabricant en défaut sera tenu de rembourser à cette maison les frais extraordinaires qu'aura occasionés le transport accéléré des étoffes, comme aussi de supporter sur son compte, avec le département de la guerre, l'imputation du montant de la différence qui pourra exister entre les prix stipulés par son marché et ceux auxquels la fourniture aura été effectuée. Ce cas échéant, la commande non exécutée sera annulée de droit; mais elle sera précomptée sur les quantités d'étoffes composant le lot attribué au fabricant pour le service de l'année courante. Toutefois, le Ministre pourra, lorsqu'il le jugera nécessaire, astreindre le fabricant à exécuter cette commande au moyen de livraisons dans les magasins généraux ou régimentaires.

Enfin le Ministre pourra, par telle voie qu'il jugera convenable, passer un marché, aux risques et périls du retardataire. Dans ce cas, on traitera autant que possible pour la fourniture de draps semblables aux échantillons-types, mais à défaut d'étoffes de cette nature, l'achat de draps d'une qualité supérieur sera autorisé.

Peine infligée au fabricant retardataire.

41. Tout adjudicataire qui, ayant reçu l'ordre, par suite des dispositions de l'article 40 ci-dessus, d'effectuer une fourniture d'étoffes, soit dans les magasins de l'Etat, soit dans ceux des corps de troupes, ou de compléter l'approvisionnement fixé par l'article 19, et qui n'exécutera pas cet ordre dans un délai double de celui qui lui aura été assigné, sera censé renoncer à l'exploitation du lot ou des lots de fournitures qui lui auront été adjugés, à moins qu'il ne puisse justifier ce retard par des motifs admissibles. Le Ministre aura le droit de pourvoir à la fourniture non exécutée, au moyen d'un marché d'urgence passé comme il est dit en l'article précédent, et subsidiairement, de résilier le marché du fabricant en retard; dans ce dernier

---

(1) Voir l'annotation relative à l'article 32.

cas, si le Ministre, au lieu de disposer du lot vacant, en fait l'objet d'une adjudication, elle aura lieu aux risques et périls du fabricant exclu, et dès lors le cautionnement en deniers de ce fabricant restera dans les caisses du trésor jusqu'en 1841, si cette adjudication consacre une augmentation de prix.

Peine infligée à celui qui subira de fréquents rejets.

42. Sera exclu de toute participation au service le fabricant dont les étoffes livrées dans le cours d'une même année auront été flétries du signe de rebut dans la proportion du dixième des quantités définitivement admises pendant cette année.

Lorsque le Ministre n'aura pas disposé du lot devenu vacant, ce lot, comme il est dit en l'article précédent, sera mis en adjudication publique, aux risques et périls du fabricant, dont le cautionnement en deniers sera conservé dans les caisses de l'État, jusqu'en 1841, s'il résulte de l'adjudication une augmentation de prix.

Peine infligée à celui qui cédera tout ou partie de son lot.

43. Tout adjudicataire qui, sans y avoir été autorisé par le Ministre, concédera en tout ou en partie à un autre fabricant le lot de fourniture qui lui sera échu, ou qui contractera une association quelconque pour l'exploitation de ce lot, postérieurement à la date de sa demande d'admission au nombre des concurrens, pourra être immédiatement exclu du service, et son lot restera à la disposition du Ministre, ou sera mis en adjudication publique, aux risques et périls de ce fabricant, qui ne pourra obtenir la réintégration de son cautionnement en deniers avant l'année 1841, dans le cas d'une augmentation de prix. Il est entendu cependant que chaque adjudicataire pourra livrer, en son nom et pour son compte, des étoffes qui proviendront des ateliers d'un autre fabricant, pourvu toutefois que celui-ci soit au nombre des adjudicataires.

Peine infligée à celui qui ne conservera pas intact son établissement.

44. L'adjudicataire qui ne conservera pas ou n'entretiendra pas en bon état, jusqu'à concurrence du moins de ce qui est exigé par l'article 3 ci-dessus, le matériel dont il aura déclaré être en possession au moment de la vérification prescrite par l'article 4, pourra, en raison de la nature du changement apporté dans son établissement, être exclu du service ou subir une réduction dans le nombre des lots dont l'exploitation lui aura été confiée : le Ministre disposera du lot ou des lots devenus ainsi vacans, ou les fera mettre en adjudication publique, aux risques et périls du premier adjudicataire; dans ce dernier cas, et si l'adjudication nouvelle consacre une augmentation de prix, le cautionnement en deniers du fabricant exclu restera dans les caisses de l'État jusqu'en 1841.

Inspection des manufactures.

45. Pour assurer l'exécution des dispositions de l'article précédent, comme aussi pour vérifier si les produits des fabriques sont de bonne qualité, si les approvisionnemens en matières sont satisfaisans à tous égards, si enfin les adjudicataires se conforment en tous points à ce que prescrit le présent cahier des charges, le ministre fera visiter à l'improviste, et toutes les fois qu'il le jugera convenable, les ateliers, les usines et les magasins des adjudicataires : les agens de l'administration auxquels cette mission sera confiée, se feront représenter les notes et les registres sur lesquels se trouvent consignées toutes les opérations qu'exigent la fabrication et la teinture des draps.

Procès-verbal sera dressé pour constater toute infraction aux conditions imposées aux adjudicataires, notamment par les paragraphes 5, 6, 9, 10, 13, 16 et 17 de l'article 24; et pour signaler tout abus de la rame, qui doit servir seulement à l'équarissage des draps, et non pas être employée à donner aux étoffes une extension forcée. Expédition de ce procès-verbal sera laissée au fabricant ; deux autres expéditions seront envoyées, la première au ministre, et la seconde au sous-intendant militaire, pour être transmise à l'intendant divisionnaire ; l'original restera entre les mains de l'agent vérificateur.

Séquestre provisoire des pièces défectueuses.

46. Si, dans le cours de ces inspections, les agens de l'administration signalent la présence de pièces d'étoffes qui seraient évidemment préparées pour le servive de l'armée, et qui ne paraîtraient pas conformes à l'échantillon-type, ils les marqueront de leur cachet et ils adresseront au Ministre, en en rendant compte à l'intendant divisionnaire, par l'intermédiaire du sous-intendant, une note indiquant le numéro de fabrique de ces pièces, qu'ils consigneront d'ailleurs entre les mains de l'adjudicataire, afin que ce fabricant n'en puisse plus disposer qu'après avoir reçu les ordres du Ministre.

Cas divers d'exclusion immédiate.

47. Seront exclus immédiatement de toute participation à la fourniture des draps :

1° Ceux des adjudicataires dans les établissemens desquels on constatera la présence d'une quantité quelconque de laine pelade ;

2° Ceux qui auront livré dans un magasin de l'Etat ou à un corps de troupe une ou plusieurs pièces de drap précédemment frappées du signe de rebut, et dont on aurait enlevé ou rapporté le chef ou partie du chef dans le but de faire disparaître ce signe ;

3° Ceux qui auront fait des rachats d'étoffes ou alloué des remises sur le prix des fournitures, ou enfin qui auront souscrit à des transactions qui tendraient à léser les intérêts de l'Etat ou ceux de la troupe.

Cautionnement acquis au Trésor en cas d'exclusion.

48. Le cautionnement en deniers des fabricans qui, en exécution des dispositions de l'article précédent, auront été exclus du service, sera acquis au trésor; les lots de fournitures exploités par ces fabricans seront dévolus de droit, dans l'ordre réglé par les articles 9 et 10 ci-dessus, à ceux des soumissionnaires dont les offres n'auraient pu être acceptées lors de l'adjudication, et qui, après avoir justifié qu'ils possèdent encore le matériel nécessaire, accepteront ces lots aux prix consentis par les fabricans exclus, et aux conditions imposées par le présent cahier des charges.

En cas de refus ou d'inaptitude de la part de tous les soumissionnaires, le ministre pourra disposer des lots, ou faire procéder à une adjudication publique, aux risques et périls des fabricans évincés. Dans ce dernier cas, comme dans ceux prévus par les l'articles 41, 42, 43 et 44, s'il résulte de l'adjudication nouvelle un prix plus élevé que celui auquel les lots avaient été concédés d'abord, et si, à l'expiration des marchés, il est reconnu que la dépense résultant de l'augmentation de prix n'est pas entièrement couverte par le cautionnement en deniers déjà intégralement acquis au trésor, ou provisoirement conservé dans les caisses de l'Etat, les fabricans exclus seront astreints par toute voie de droit à tenir compte de la différence.

Mode de payement des fournitures.

49. Le paiement des étoffes fournies par les adjudicataires sera effectué par les agens du trésor public, au moyen d'ordonnances délivrées par le ministre.

Ce paiement aura lieu proportionnellement à la remisedes pièces justificatives des fournitures, par à-comptes successifs et mensuels, de sorte que la totalité des fournitures effectuées pour le service d'une année sera liquidée et soldée avant le 1er juillet de l'année suivante.

Quant aux étoffes composant l'approvisionnement, le paiement n'en sera effectué qu'au fur et à mesure de leur emploi.

Compte annuel.

50. Les adjudicataires établiront à la fin de chaque exercice le compte général de leurs fournitures de l'année.

Ce compte, dressé dans la forme du modèle n° 9 ci-annexé, sera appuyée 1° des ordres de fournitures; 2° des récépissés délivrés pour constater la réception définitive des pièces d'étoffes admises par les conseils d'administration des corps de troupe, et dans les magasins de l'Etat.

Les adjudicataires devront remettre en double expédition leur compte ainsi établi, dans les trois mois qui suivront l'exercice, à l'intendant militaire de la division où est située leur fabrique.

Ce fonctionnaire, après l'avoir arrêté, leur en renverra la première expédition, et transmettra la seconde au Ministre avec les pièces justificatives à l'appui.

Situation mensuelle.

51. Chaque adjudicataire sera tenu d'adresser au ministre, le premier jour de chaque mois, un relevé conforme au modèle n° 10 ci-annexé, des expéditions qu'il aura faites dans le courant du mois précédent et de celles restant à faire. Ce relevé devra être soumis au visa de l'agent principal du service de l'habillement qui sera employé à proximité de la fabrique.

Payement des frais de vacations d'arbitres, de décatissage et d'emballage.

52. Les frais de vacations d'arbitres seront, dans tous les cas prévus par le présent cahier des charges, acquittés par les soins de MM. les intendans militaires et sur les fonds généraux mis à leur disposition; mais ces frais seront précomptés sur le montant total des fournitures de l'adjudicataire, toutes les fois que les étoffes formant l'objet de la contestation auront été en totalité ou en partie flétries ou refusées comme devant être réparées.

Dans les magasins de l'Etat, les frais de décatissage des pièces de draps qui en définitive n'auront pas été acceptées, et de leur remballage en double toile, seront acquittés sur les fonds affectés au service de l'habillement, mais il sera précompté par le ministre, sur le montant des fournitures du fabricant, une somme de un franc par pièce pour le remboursement de ces frais et de ceux qu'occasionera le salaire de l'expert et des ouvriers du magasin.

Dans les corps de troupe, les frais de décatissage et de remballage des pièces non acceptées devront être payés par le fabricant, ou en son nom, entre les mains du décatisseur et des ouvriers emballeurs, auxquels le corps sera tenu de faire remise des toiles nécessaires, jusqu'à concurrence, du moins, des quantités provenant de l'envoi fait par le même fabricant.

Modifications en cas de guerre.

53. En cas de guerre, la résiliation des marchés ne pourra être demandée par les adjudicataires; mais si, en raison de l'accroissement des besoins de l'armée, l'administration se trouve dans la nécessité de passer de nouveaux marchés, et si elle traite à des prix plus élevés que ceux résultant de l'adjudication, chacun des fabricans adjudicataires aura droit à une augmentation de prix qui, réglée chaque année, sera égale à la différence existant entre les prix de

son marché, et le terme moyen de ceux auxquels les fournitures supplémentaires auront été faites pendant cette même année.

Toutefois chaque adjudicataire sera tenu de livrer, aux prix résultant de l'adjudication et dans les délais déterminés par l'article 17 :

1° Les quantités d'étoffes que l'administration se trouvera en droit dexiger de lui, aux termes de l'article 17 ci-dessus, pour l'année dans le cours de laquelle de nouveaux marchés auront été passés ;

2° Celles qu'il aura dû se mettre en mesure de préparer pour le service de l'année suivante, si la commande générale de cette année lui a été transmise avant la passation des nouveaux marchés.

Contestations jugées administrativement.

54. Les contestations et les difficultés auxquelles l'interprétation du présent cahier des charges pourrait donner lieu, seront jugées administrativement.

Fait à Paris, le 28 février 1835.

Le Président du Conseil, Ministre de la guerre,

Signé le Mᵃˡ Duᶜ ᴅᴇ Tʀᴇ́ᴠɪsᴇ.

(Tableau A.)

TABLEAUX.

ART. 2
DU CAHIER DES CHARGES.

Désignation des Usines, Ateliers, Métiers, Machi-
moins, tout fabricant qui désire être admis à
Fournitures de Draps ci-après indiquées :

nes, Mécaniques et Ustensiles que doit posséder, depuis un an au
soumissionner pour l'exploitation des quantités de lots de

Nombre de métiers, machines, mécaniques et ustensiles dont la possession est exigée pour pouvoir être admis à exploiter le nombre de lots ci-après :

OPÉRATIONS de FABRICATION.	MÉTIERS, MACHINES, MÉCANIQUES ET USTENSILES NÉCESSAIRES à la fabrication.	UN LOT savoir :		DEUX LOTS savoir :		TROIS LOTS savoir :		QUATRE LOTS savoir :	
		1 lot, 18 ains.	1 lot 22 ains, ou 1 lot 18 ains.	2 lots 18 ains.	1 lot 22 ains et 1 lot 18 ains, ou 2 lots 22 ains, ou 2 lots 18 ains.	3 lots 18 ains.	1 lot 22 ains, et 2 lots 18 ains, ou 2 lots 22 ains et 1 lot 18 ains. (A)	4 lots 18 ains.	1 ou 2 lots 22 ains et 3 ou 2 lots 18 ains, ou bien 4 lots 18 ains. (A)
		1re catég.	2e catég.	3e catég.	4e catég.	5e catég.	6e catég.	7e catég.	8e catég.
Préparation des laines avant teinture.	Claies pour trieuses (à 6 femmes chacune).	1	1	2	2	3	3	4	4
	Loup pour ouvrir la laine.	1	1	1	1	1	1	2	2
	Chaudières.	1	1	2	2	3	3	4	4
	Bassines ou paniers à deux hommes.	1	1	2	2	8	8	10	10
Teinture.	Cuves au pastel ou au vouède (1).	3	3	6	6	2	2	3	3
	Chaudières pour teindre en garance.	1	1	2	2	1	1	1	1
	Chaudières pour couleur de distinction.	1	1	1	1	1	1	1	1
	Lavoir.	1	1	1	1	1	1	1	1
	Séchoir à chaud (pour les fabriq. du Nord).	1	1	1	1	1	1	1	1
Préparation des laines après teinture.	Batterie.	1	1	1	1	3	3	3	5
	Claies à éplucher la laine (à 6 femmes).	2	2	2	2	2	2	2	2
	Diables ou machines à ouvrir la laine.	1	1	2	2	7	7	10	10
Filature.	Brousses.	3	3	5	5	3	4	4	6
	Brousses supplémentaires.	2	3	5	5	7	7	10	10
	Cardes.	3	3	6	6	2	2	2	2
	Cardes supplémentaires.	1	1	1	1	7	7	10	10
	Métiers à filer en gros.	3	3	5	5	28	28	40	40
	Métiers à filer en fin, calc. sur 60 broches.	12	12	20	20	8	8	10	10
	Dévidoirs.	3	3	6	6	3	3	4	4
	Métiers à bobiner (2).	1	1	2	2	3	3	4	4
	Ourdissoirs.	1	1	2	2	1	1	1	1
Tissage.	Chaudière pour l'encollage.	1	1	1	1	1	1	1	1
	Ramois à dévider la trame.	9	9	18	18	27	27	36	36
Dégraissage des draps.	Métiers à tisser.	25	25	40	40	75	75	100	100
	Cylindres (3).	1	1	2	2	3	3	4	4
	Tables à deux femmes.	5	5	10	10	15	15	20	20
Nopage en toile.	Perches (à 1 personne) pour remplir les vides.	1	1	2	2	3	3	4	4
Foulage.	Auges à fouler.	3	3	6	6	7	7	9	9
	Auges à dégorger.	1	1	2	2	3	3	3	3
Apprêt.	Machines à lainer, dites garnisseuses (1).	1	2	2	3	3	3	5	5
	Tondeuses transversales (5).	1	2	2	3	3	3	5	5
	Forces à la main ou à la mécanique (6).	6	8	10	12	11	16	18	20
	Rames à l'air de 50m de longueur.	3	3	6	6	7	7	9	9
	Rames à chaud (pour les fabriq. du Nord).	1	1	2	2	2	2	3	3
	Tables d'épinstage (à 2 personnes).	2	3	3	4	4	5	6	6
	Perches de rentrayeuses.	1	1	2	2	3	3	4	4
	Machine à brosser.	1	1	1	1	2	2	2	2
	Atelier de presse (7).	1	1	1	1	1	1	1	1

OBSERVATIONS.

(A) La fourniture des draps, 22 ains, étant divisée en 4 lots seulement, il n'en pourra être attribué plus de 2 au même fabricant.

(1) Le nombre des cuves est établi dans la supposition où les cuves auraient les dimensions suivantes :
Diamètre 1m,65 (5 pieds 2 pouces.)
Profond.r 2m,60 (8 pieds.)

(2) Ce matériel peut être remplacé par le bobinage à la main.

(3) A défaut de cylindres, il devra exister un nombre égal d'anges percées.

(4) Lorsque le manque de force motrice n'aura pas permis de placer des machines à lainer en nombre en rapport avec les autres éléments d'exploitation de l'établissement, on devra justifier de la possession d'un atelier de garnissage à la main, avec son matériel, et qui ne pourra être moindre de six perches à deux hommes pour chaque machine; toutefois cette compensation ne sera pas admise pour la fabrication des draps 22 ains.

(5) Une tondeuse transversale peut donner 10 à 12 coupes par jour; on admettra toute autre machine, d'un système analogue, pouvant faire le même travail en temps égal.

(6) Une force à la main, ou à la mécanique, donne une coupe par jour; on admettra en compensation, d'après cette base, la possession des tondeuses, dites finisseuses, ou toute autre machine perfectionnée, d'un système convenable pour donner la toute d'affinage.

(7) On indiquera la nature des presses et le nombre des fausses presses dites de rechange.

Art. 37 du cahier des charges. — **TABLEAU 4.**

Tarif de la largeur moyenne qui doit être qui n'ont pas, d'un bout à l'autre, la

assignée, par suite du métrage, aux pièces d'étoffes ou aux coupons largeur réglementaire (119/100.)

TABLEAU DES INSUFFISANCES DE LARGEUR (1)

que peut présenter toute pièce ou tout coupon de pièce d'étoffe contenant le nombre de tablées de 2^m ci-après indiqué,

SAVOIR :

2 tablées.	3 tablées.	4 tablées.	5 tablées.	6 tablées.	7 tablées.	8 tablées.	9 tablées.	10 tablées.	11 tablées.	12 tablées.	13 tablées.	14 tablées.	Largeur moyenne. cent.
0 à 1	0 à 1	0 à 1	0 à 2	0 à 2	0 à 3	0 à 3	0 à 4	0 à 4	0 à 5	0 à 5	0 à 6	0 à 6	119
1 » 2	2 » 3	2 » 4	3 » 5	3 » 6	4 » 7	4 » 8	5 » 9	5 » 10	6 » 11	6 » 12	7 » 13	7 » 14	118
3 » 4	4 » 6	5 » 8	6 » 10	7 » 12	8 » 14	9 » 16	10 » 18	11 » 20	12 » 22	13 » 24	14 » 26	15 » 28	117
5 » 6	7 » 9	9 » 12	11 » 15	13 » 18	15 » 21	17 » 24	19 » 27	21 » 30	23 » 33	25 » 36	27 » 39	29 » 42	116
7 » 8	10 » 12	13 » 16	16 » 20	19 » 24	22 » 28	25 » 32	28 » 36	31 » 40	34 » 44	37 » 48	40 » 52	43 » 56	115
9 » 10	13 » 15	17 » 20	21 » 25	25 » 30	29 » 35	33 » 40	37 » 45	41 » 50	45 » 55	49 » 60	53 » 65	57 » 70	114
11 » 12	16 » 18	21 » 24	26 » 30	31 » 36	36 » 42	41 » 48	46 » 54	51 » 60	56 » 66	61 » 72	66 » 78	71 » 84	113
13 » 14	19 » 21	25 » 28	31 » 35	37 » 42	43 » 49	49 » 56	55 » 63	61 » 70	67 » 77	73 » 84	79 » 91	85 » 98	112
15 » 16	22 » 24	29 » 32	36 » 40	43 » 48	50 » 56	57 » 64	64 » 72	71 » 80	78 » 88	85 » 96	92 » 104	99 » 112	111
17 » 18	25 » 27	33 » 36	41 » 45	49 » 54	57 » 63	65 » 72	73 » 81	81 » 90	89 » 99	97 » 108	105 » 117	113 » 126	110
19 et au-delà.	28 et au-delà.	37 et au-delà.	46 et au-delà.	55 et au-delà.	64 et au-delà.	73 et au-delà.	82 et au-delà.	91 et au-delà.	100 et au-delà.	109 et au-delà.	118 et au-delà.	127 et au-delà.	Non-acceptable.

OBSERVATIONS.

(1) L'insuffisance de largeur se détermine ainsi qu'il suit :

SAVOIR :

		c.
1re tablée. Larg. reconnue 114 insuffis.		5
2e — — — 115 —		4
3e — — — 121 —		»*
4e — — — 118 —		1
5e — — — 109 —		10
6e — — — 111 —		8
7e — — — 109 —		10
8e — — — 115 —		4
9e — — — 117 —		2
10e — — — 106 —		13
11e — — — 104 —		15
TOTAL des insuffisances. . .		72
qui, divisé par le nombre de tablées, ci.		11
donne une moyenne de réduction de. .		7

en sorte que la pièce doit être admise p^r 112 de larg.

* On ne doit pas tenir compte des excédants de largeur.

MODÈLE N° 1.

Art. 27 du Cahier
des charges.

ᶜ DIVISION
MILITAIRE.

PLACE d

MAGASIN CENTRAL D'HABILLEMENT,
DE CAMPEMENT, ET DE HARNACHENENT.

Registre des Décisions de la Commission instituée pour la vérification des Étoffes livrées dans le Magasin central de la place d

Le présent registre contenant   feuillets non compris celui-ci, a été coté et paraphé par nous sous-intendant militaire.

A   le   1836.

DATES DES SÉANCES.	NOMS ET GRADES des MEMBRES COMPOSANT la commission de vérification et ... dont la commission a été assistée.	NOMS des FABRICANS expéditeurs.	DATE des ordres ministériels en exécution desquels la livraison des étoffes présentées a été effectuée.	DÉSIGNATION des pièces d'étoffes soumises à la vérificat. — NATURE des étoffes.	Numéro de fabrique qui a brodé sur le chef des pièces.	RÉSULTAT DE LA VÉRIFICATION par le chiffre 1 des pièces — rejetées comme étant entachées de vices irréparables.	refusées mais pouvant être réparées.	admises sauf à vérifier si elles ont la largeur réglementaire ou tolérée.
mars 1836.	M. .... chef de bataill. au 7e de ligne, vice-président.		20 janv. 1836.	Bleu-de-roi 18 ains.	1740.	»	»	1
					1891.	»	1	»
	M. .... major au 1er de hussards.	Ravoil et compag. à St-Quentin.		Vert 18 ains.	1391.	»	1	»
					1495.	1	»	»
	M. .... major au 5e léger.		25 fév. 1836.	Bleu-de-roi 18 ains.	1750.	»	»	1
	M. .... agent principal.				1751.	»	»	1
	M. .... expert.			Garance 18 ains.	1811.	1	»	»
					1815.	1	»	»
						3	2	3
							8	

Arrêté les résultats ci-dessus indiqués à la quantité de :

Trois pièces de draps admises et sur lesquelles la commission a fait immédiatement apposer le signe d'admission.

Deux pièces de drap refusées provisoirement et portant les n°s 1891 et 1311.

Et trois pièces de drap rejetées provisoirement; ces trois pièces, portant les n°s 1495, 1811 et 1815, devront être flétries si le fabricant adhère au jugement de la commission.

L'agent comptable,　　*Les membres de la commission.*　　*L'expert.*

(Quand l'agent principal ne fera pas partie de la commission.)

Visa que devra apposer le Sous-intendant militaire lorsqu'il n'aura pas présidé la commission,

VU ET ARRÊTÉ ne varietur.

Le Sous-intendant militaire chargé de la surveillance administrative du magasin.

Réduction à opérer sur la longueur des pièces admises; pour compensation de tares, trous, etc.	VÉRIFICATION. CAUSES du rejet ou du refus.	DÉCLARATION DU FABRICANT EXPÉDITEUR OU DE SON REPRÉSENTANT (INDICATION PAR LE CHIFFRE 1 des pièces d'étoffes) — dont l'admission définitive lui a été notifiée.	dont le fabricant approuve le refus ou le rejet, et dont il demande la remise entre ses mains sous la condition de reproduire celles qui sont classées à réparer.	le renvoi en fabrique à la consignation de l'intendant militaire.	dont le fabricant n'approuve pas le refus ou le rejet, et pour lesquelles il réclame un arbitrage.	Dates de l'application du signe de rebut sur les pièces déclarées non réparables, et à l'égard desquelles le fabricant n'a pas réclamé d'arbitrage.	DATE de l'expiration du délai accordé pour la reproduction des pièces à réparer sur les lieux.	OBSERVATIONS.
m. c. » 15	»	1	»	»	»	»	»	
» »	mal dégraissée.	»	1	»	»	»	25 avril 1836.	
» »	mal tondue.	»	»	1	»	»	-	
» »	ribaudures mal filé.	»	»	»	1	»	»	
» 10	»	1	»	»	»	»	»	
» 85	»	»	(1) 1	»	»	»	»	(1) N'a pas la largeur tolérée.
» »	tainage défectueux.	»	1	»	»	5 mars 1836	»	
» »	idem.	»	»	»	1	»	»	
		2	3	1	2			
			8					

Signature du fabricant ou de son représentant.

Ce jourd'hui, 5 mars 1836, la commission de vérification, informée de l'adhésion donnée par le représentant de MM. Ravoil et compag. au rejet qu'elle a prononcé le 1er mars présent mois, de la pièce d'étoffe n° 1811, a fait procéder en sa présence à la flétrissure de cette pièce.

Les membres de la commission.

MOD. N° 1 *bis.*

Art. 33 du Cahier
des charges.

e DIVISION
MILITAIRE.

PLACE d

MAGASIN CENTRAL D'HABILLEMENT,
DE CAMPEMENT ET DE HARNACHEMENT.

*Registre des Décisions des Arbitres appelés
au Magasin ci-dessus désigné pour statuer en dernier ressort sur les Étoffes
refusées ou rejetées par la Commission
de vérification instituée près de cet établissement.*

Le présent registre contenant   feuillets
non compris celui-ci, a été coté et paraphé par nous
                              sous-intendant militaire.
A   le   1836.

4

Dates des séances.	NOMS 1° des Sous-intendans militaires chargés de recevoir la déclaration des arbitres; 2° du représentant de la commission de vérification; 3° et de celui du Fabricant.	NOM du Fabricant expéditeur	DÉSIGNATION des Étoffes soumises à l'arbitrage.	N° de fabrique inscrit dans le chef de chaque pièce.	OPINIONS que les arbitres ci-après dénommés ont émises, après avoir, 1° Prêté serment entre les mains du Sous-intendant militaire; 2° Pris connaissance des pièces d'étoffes présentées et de l'échantillon-type; 3° Entendu la lecture des articles 24, 28, 30, 31, 32 et 33, du cahier des charges en vigueur; 4° Recueilli les observations des parties présentes; 5° Provoqué et reçu toutes les explications nécessaires; Et, après avoir délibéré entre eux.		
					M . . . . . . arbitre désigné par la commiss. de vérification.	M . . . . . . arbitre désigné par le Fabricant.	M . . . . . . arbitre désigné par le Maire.
					Signature de l'arbitre,	Signature de l'arbitre,	Signature de l'arbitre,

Annexe les résultats ci-dessus indiqués à la quantité de
—·—·— Pièces admises sur lesquelles a été opposé le timbre spécial dont
—·—·— Pièces rejetées et flétries, portant les numéros
—·—·— Pièces refusées, mais jugées réparables, et portant les nu

RÉSULTAT DE L'ARBITRAGE.			DESTINATION DONNÉE AUX PIÈCES D'ÉTOFFES.					MONTANT des indemnités de vacations allouées aux arbitres	Observ.
pièces non admises comme étant entachées de défauts irréparables et qui ont été flétries sous les yeux des arbitres.	de défauts réparables.	pièces admises sauf à vérifier la largeur.	RÉDUCTION à opérer sur la longueur des pièces admises pour compensation de tares, trous, etc.	PIÈCES admises dans le magasin central.	remises au fabricant, flétries ou n'ayant pas la largeur exigée.	à réparer sur les lieux.	à renvoyer à la consignation de l'intendance militaire pour être réparées en fabrique.	DATE de l'expiration du délai accordé pour la reproduction des pièces à réparer sur les lieux.		

l'usage est prescrit par l'article 34 du cahier des charges, du 28 février 1835.

méros

Le Sous-intendant militaire,

4*

| MODÈLE N° 2. | MAGASIN D'HABILLEMENT, DE CAMPEMENT ET DE HARNACHEMENT. |

HABILLEMENT.

PROCÈS-VERBAL D'ENTRÉE (1). (ÉTOFFES). EXERCICE 183

SERVICE COURANT ou bien approvisionnement de prévoyance.

ART. 27 du cahier des charges.

DIVISION MILITAIRE.

PLACE de

Date de l'ordre du Ministre de la guerre, en exécution duquel les étoffes ont été livrées.

183

Commission de vérification, ou bien d'arbitrage.

SÉANCE du

N°   des entrées.

Colonne de droite :

Nous sous-intendant militaire chargé de la surveillance administrative du magasin central d'habillement, de campement et de harnachement de la Place de

Vu le résultat :

1° Des opérations auxquelles se sont livrés (*les membres de la commission de vérification ou bien les arbitres duement désignés*) dans la séance en date du   , et qui avaient pour objet l'examen des pièces d'étoffes livrées audit établissement, au nom de MM.

2° Du métrage qui a eu lieu conformément aux règles tracées par le cahier des charges en vigueur.

Nous avons prescrit à l'agent comptable :

1° De remettre ou d'expédier au fabricant ou à son fondé de pouvoirs,   pièces de drap.

SAVOIR :

PIÈCES. { Flétries..........................
Admises, mais n'ayant pas la largeur exigée.......................
A réparer sur les lieux et à reproduire d'ici au   183... }

2° D'expédier à la consignation de M. l'intendant militaire de la   e division, pour être réparées en fabrique   pièces.

3° De se charger en recette dans ses comptes en nature (pour le service courant, ou bien au titre de l'approvisionnement de prévoyance), des pièces d'étoffes ci après désignées.

SAVOIR :

DÉSIGNATION des ÉTOFFES.	NUMÉRO		MÉTRAGE					TOTAL par nature d'étoffes.
	de fabrique.	d'ordre du magasin.	largeur réelle.	LONGUEUR				
				réelle.	déduction à opérer d'après la décision de la commiss. de vérification ou d'arbitr. pour tares, trous, etc.	RESTANT.		
						mesure d'après la largeur réelle.	mesure d'après la largeur réglementaire 119/100e.	

4° De se charger aussi en recette dans son compte d'emballage des quantités de toile ci-après,

SAVOIR :

Bonne......................mètres ci.
Hors de service................mètres ci.

5° De payer à M.   , décatisseur pour le décatissage de   pièces de drap à raison de   l'une, la somme de............
....ci.

et à M.................................
(expert ou arbitres) pour   vacations à raison de   francs l'une, la somme de...................ci.

TOTAL.....................

Laquelle somme de.............................
sera portée en dépense dans les comptes en deniers de l'agent comptable à la charge par lui de rapporter à l'appui du paiement un état émargé, ou une quittance en règle.

Fait double (1) à   le

---

(1) Le procès-verbal n'est fait en double expédition que pour les fournitures afférentes au service courant; un exemplaire sera joint à l'appui du compte en matières de l'agent comptable; le second exemplaire restera déposé aux archives.

MODÈLE N° 2 *bis*. ART. 49 du cahier des charges. --- DIVISION MILITAIRE. PLACE de --- Date de l'ordre du Ministre, en exécution duquel le prélèvement est opéré. 183 N° des entrées.	MAGASIN CENTRAL D'HABILLEMENT, DE CAMPEMENT ET DE HARNACHEMENT. ## HABILLEMENT. PROCÈS-VERBAL D'ENTRÉE. (ÉTOFFES.) EX ECICE 183 ### SERVICE COURANT. *Prélèvement sur l'approvisionnement de prévoyance ordonné par décision ministérielle en date du* Nous, sous-intendant militaire, chargé de la surveillance administrative du magasin central d'habillement, de campement et de harnachement de la place de Vu l'ordre de M. le Ministre de la guerre, en date du Autorisons l'agent comptable dudit établissement à prélever sur l'approvisionnement de prévoyance réalisé par M. fabricant les pièces d'étoffes dont le numéro et le métrage sont indiqués au tableau suivant, et dont il devra se porter en recette dans ses comptes en nature pour le service courant sous le n° des entrées. SAVOIR :

DESIGNATION des ÉTOFFES.	NUMÉRO		MÉTRAGE.					TOTAL par nature d'étoffe s.
	de fabrique.	d'ordre du magasin.	Largeur réelle.		LONGUEUR			
				réelle	Déduction à opérer d'après la décision de la commission de vérification ou d'arbitrage pour tares, trous, etc.	restant		
						mesuré d'après la largeur réelle.	mesuré d'après la largeur réglementaire 119/100es	

Fait double (1) à   le

MODÈLE N° 3.

DESIGNATION DU CORPS.

Art. 27 du cahier des charges.

(1) *FEUILLE de vérification des étoffes expédiées et qui ont été admises, refusées ou rejetées* à ce corps par M.
par la commission des délégués du conseil d'administration.

DÉSIGNATION des étoffes.	NUMÉROS DE FABRIQUE des pièces de drap.	RÉSULTAT de la VÉRIFICATION après décatissage. = Admission, refus ou rejet.	CAUSES DES REFUS ou DES REJETS. — Évaluation des tares, pour les pièces admises.	DÉCLARATION du FABRICANT relativement au métrage des pièces admises, ainsi qu'aux refus ou aux rejets provisoires qui ont été prononcés.
1.	2.	3.	4.	5.
Bleu de roi.	1,740	Admise.	Sauf une réduc. de 15 c. p. tares	» »
	1,891	Refusée, réparable. . .	Trop haute de poil.	J'approuve le refus.
	1,495	Rejetée, non réparable.	Fortes rihandures.	Je demande un arbitrage. . . . . . .
Gris de fer.	1,750	Admise.	Sauf réduct. de 10 c. p. tares.	J'adhère au métrage.
	1,751	Admise.	*Idem* de 35 *idem.* . .	*Idem.* . . . .
	1,811	Rejetée, non réparable.	Mauvais lainage, apprêt frauduleux.	J'approuve le rejet. . .
Jonquille. . .	1,827	Refusée, réparable. . .	Inégalement foulée.	Je demande un arbitrage. . . . . . . (*Signature du fabricant.*)

(1) Lorsque l'on aura eu recours à des arbitres et qu'une ou plusieurs pièces de drap auront été reçues par suite de leur déclaration, on dressera pour ces pièces d'étoffes un état conforme au présent modèle, en en modifiant seulement le titre.

Longueur suivant la facture d'expédition.	MÉTRAGE DES PIÈCES ADMISES,								OBSERVATIONS.
	opéré sous les yeux de la commission de vérification.				opéré sous les yeux du sous-intendant militaire (1).				
	Longueur, déduction faite des réductions opérées pour tares.	Largeur. (Terme moyen.)	Métrage en 119/100 (mesure d'ordre) par pièce admise.	par nature d'étoffes.	Longueur, déduction faite des réductions opérées pour tares.	Largeur. (Terme moyen.)	Métrage en 119/100 (mesure d'ordre) par pièce admise.	par nature d'étoffes.	
6.	7.	8.	9.	10.	11.	12.	13.	14.	15.
21 40	21 20	119	21 20	} 21 20	»	»	»	} »	(1) On n'établira ces quatre colonnes sur les feuilles de réception que lorsque le sous-intendant militaire, d'après l'art. 38 du cahier des charges, aura fait procéder en sa présence à un second métrage.
23 00	»	»	»		»	»	»		
24 00	»	»	»						
23 30	22 55	115	21 79	} 21 79	»	»	»	} »	(2) Cette pièce n'ayant pas la largeur convenable sera, quoique admise, rendue au fabricant.
22 70	»	(2)109	•		»	»	»		
23 10	»	»	»						
22 50	»	»	»	»	»	»	»	»	

Certifié véritable:

A le 183

Les Délégués du conseil d'administration.

MODÈLE N° 4.

Art. 29 du cahier des charges.

EXERCICE 183

SERVICE de l'habillement ou du harnachement.

RÉCÉPISSÉ *de fournitures faites à un corps de troupes.*

DÉSIGNATION DU CORPS.

EXTRAIT *du Registre des délibérations du Conseil d'aministration de ce corps.*

Vu la décision de M. le Ministre de la guerre en date du (1) de laquelle il résulte que le corps doit recevoir les quantités d'étoffes ci-après indiquées, de la fabrique de M.

SAVOIR:

DÉSIGNATION.	QUANTITÉS (en chiffres).	OBSERVATIONS.

Vu la facture adressée par le fabricant ci-dessus dénommé;
Ouï le rapport de MM.

officiers désignés par le conseil d'administration pour procéder à l'examen des étoffes qui ont été envoyées au corps en exécution de la décision ministérielle ci-dessus relatée, et qui sont arrivées à destination le

Vu la feuille de vérification établie par les officiers ci-dessus dénommés;
Vu enfin (2) la déclaration de MM.

arbitres appelés à statuer en dernier ressort sur les refus ou les rejets provisoires qui avaient été prononcés;

Le conseil d'administration a arrêté ce qui suit:

Les quantités d'étoffes ci-après indiquées sont définitivement admises;

SAVOIR :

DÉSIGNATION.	QUANTITÉS DE DRAPS DÉCATIS.	OBSERVATIONS.

Vu :   Fait à   le

Le   183

Le Sous-Intendant militaire,   Le Conseil d'administration.

(1) On ne devra jamais comprendre sur le même récépissé des quantités d'étoffes livrées en exécution de *divers* ordres.

(2) Quand il y aura eu appel d'arbitres.

MODÈLE N° 5.

Art. 29 du cahier
des charges.

ᵉ DIVISION MILIT.

PLACE de

Date de l'ordre du
Ministre, en exécu-
tion duquel les étoffes
ont été livrées.

18

N°   des entrées.

L'agent comptable
soussigné , certifie
qu'il s'est chargé en
recette, pour en te-
nir compte, des quan-
tités d'étoffes énon-
cées ci-contre.

*Signature du comp-
table.*

RÉCÉPISSÉ d'étoffes admises dans un magasin de l'État.

MAGASIN CENTRAL D'HABILLEMENT, DE CAMPEMENT
ET DE HARNACHEMENT.

HABILLEMENT.   EXERCICE 18

(1) *Service courant* ou *Approvisionnement de prévoyance.*

Il appert d'un procès-verbal, rapporté le
par nous sous-intendant militaire chargé de
la surveillance administrative du magasin central de

que l'agent comptable de cet établissement a été autorisé
à se charger en recette dans ses comptes en nature pour
le service courant (*ou bien*), au titre de l'approvisionnement de prévoyance de   pièces de draps qui ont
été livrées au nom de M.

et qui, définitivement admises par (*la commission de
vérification* ou *les arbitres dûment désignés*) , ont produit
au métrage les quantités ci-après désignées,

SAVOIR :

DÉSIGNATION DES ÉTOFFES.	NOMBRE de pièces admises par nature d'étoffes.	QUANTITÉS en chiffres et par nature d'étoffes.	

A   le
Signature et cachet du Sous-Intendant militaire.

(1) Les récépissés applicables à l'approvisionnement de prévoyance devront
être imprimés sur papier jaune, afin qu'ils ne puissent être confondus avec ceux
qui, applicables au service courant, doivent être joints au compte d'exercice.
Quand le Ministre aura prescrit de prélever une quantité quelconque d'étoffe
sur l'approvisionnement de prévoyance, pour en faire recette au titre du service
courant, et lorsque ce prélèvement aura été régularisé par un procès-verbal
d'entrée, on expédiera au fabricant un récépissé sur papier *blanc*, mais on
inscrira au-dessous des mots *service courant*, l'annotation suivante:
Prélèvement sur l'approvisionnement de prévoyance autorisé par décision
ministérielle , en date du

MODÈLE N° 6.

ART. 29 du cahier des charges.

MANDAT

POUR SERVIR AU PAIEMENT D'ÉTOFFES LIVRÉES A UN CORPS DE TROUPES.

EXERCICE 183

Habillement (ou Harnachem.)

DÉSIGNATION DU CORPS.

Extrait du registre des délibérations du conseil d'administration de ce corps.

Vu la décision de M. le Ministre de la guerre, en date du (1)   de laquelle il résulte que le corps doit recevoir les quantités d'étoffes ci-après indiquées, de la fabrique de M.

SAVOIR :

	DRAPS		AINS	
Quantités portées sur l'ordre d'expédition.				
Quantités déjà reçues, et pour le paiement desquelles le corps a déjà délivré des mandats..				
Quantités restant à recevoir.				

Vu la facture adressée par le fabricant ci-dessus dénommé ;
Ouï le rapport de MM.

officiers désignés par le conseil d'administration pour procéder à l'examen des étoffes qui ont été envoyées au corps, en exécution de la décision ministérielle ci-dessus relatée, et qui sont arrivées à destination le
Vu la feuille de vérification établie par les officiers ci-dessus dénommés ;
Vu enfin (2) la déclaration de MM.

arbitres appelés à statuer en dernier ressort sur les refus ou les rejets provisoires qui avaient été prononcés ;
Le conseil d'administration a arrêté ce qui suit :
1° les quantités d'étoffes ci-après indiquées sont définitivement admises ;

SAVOIR :

DÉSIGNATION.	QUANTITÉS de DRAPS DÉCATIS.	PRIX.	DÉCOMPTE	OBSERVATIONS.
	TOTAL en deniers.			

2° M. le Ministre de la guerre est invité à délivrer au fabricant dénommé plus haut, sur les fonds affectés au service de l'habillement (ou du harnachement) une ordonnance de la somme de   montant du décompte ci-dessus établi.   Vu :

Le   185   Fait à   le   183
Le Sous-Intendant militaire,   *Le Conseil d'administration,*

(1) On ne devra jamais comprendre sur le même mandat, des quantités d'étoffes livrées en exécution de divers ordres.
(2) Quand il y aura eu intervention d'arbitres.

MODÈLE N° 7.

Art. 29
du Cahier des Charges.

PLACE d

Date de l'ordre du
Ministre en exécution
duquel les étoffes ont
été livrées.

18

N°   des entrées.

L'agent comptable sous-
signé certifie qu'il s'est
chargé en recette pour en
tenir compte, des quantités
d'étoffes énoncées ci-contre.

Signature du Comptable.

MANDAT ou Extrait de Procès-verbal d'entrée
pour servir au paiement d'Etoffes livrées
dans le magasin de l'Etat.

MAGASIN CENTRAL D'HABILLEMENT,
DE CAMPEMENT ET DE HARNACHEMENT.

HABILLEMENT.   EXERCICE 18

SERVICE COURANT (1).

Il appert d'un procès-verbal rapporté le
par nous sous-intendant militaire chargé
de la surveillance administrative du magasin central
d

Que l'agent comptable de cet établissement a été
autorisé à se charger en recette dans ses comptes en
nature pour le service courant de   pièces de
drap qui ont été livrées au nom de M.
fabricant d'étoffes et qui définitivement admises d'a-
près les règles tracées par le Cahier des charges du
28 février 1835, ont produit au métrage les quantités
ci-après désignées ;

SAVOIR:

DÉSIGNATION DES ÉTOFFES.	Quantités en chiffres par nature d'étoffes.	PRIX.	DÉCOMPTE.	OBSERV.
TOTAL............				

En conséquence, monsieur le Ministre de le guerre
est prié de délivrer au fabricant dénommé plus haut
sur les fonds afférens au service de l'habillement, une
ordonnance de la somme de

montant du décompte ci-dessus établi.
A   le

Signature et cachet du sous-intendant militaire.

(1) Quand le Ministre aura prescrit de prélever une quantité quelconque d'étoffe
sur l'approvisionnement de prévoyance pour en faire recette au titre du service
courant, et lorsque ce prélèvement aura été régularisé par un procès-verbal
d'entrée, on délivrera au profit du fabricant un mandat de paiement conforme
au modèle ci-dessus, mais on inscrira au-dessous des mots *Service courant* l'annotation suivante :

Prélèvement sur l'approvisionnement de prévoyance, autorisé par
décision ministérielle en date du

MODÈLE Nº 8.

Art. 55 du cahier des charges.

EXERCICE 183

Service de l'habillement, ou du harnachement.

DÉSIGNATION DU CORPS OU DU MAGASIN DE L'ÉTAT.

EXTRAIT { *de la feuille de vérification de la commission régimentaire, en date du* / *ou du registre de la commission de vérification instituée près du magasin (séance du),* / *ou d'un procès-verbal d'arbitrage en date du* } *constatant un refus, ou un rejet d'étoffes, devenu définitif par la décision des arbitres, ou par l'acquiescement du fabricant expéditeur.*

NOM du fabricant.

DATE de la commande.

NOMBRE de pièces de draps.		DRAPS — bleu de roi	garance	gris de fer	jonquille	écarlate				Frais d'arbitrages, etc., mis à la charge du fabricant. (1)
	Présentées à la vérification..	30	4	3	5	10	»	»	»	
	Dont la contre-vérification a été renvoyée devant arbitres.........	»	»	»	»	»	»	»	»	v
	Admises et reçues en magasin.............	22	4	»	4	3	»	»	»	
NOMBRE de pièces qui n'ont pas été reçues en magasin (2).	N'ayant pas la largeur exigée.	1	»	»	1	1	»	»	»	
	Réparables......	3	»	3	»	4	»	»	»	
	Non réparables et qui ont été flétries.........	4	»	»	»	2	»	»	»	12 fr. (3).
TOTAL par nature d'étoffes...		8	»	3	1	7	»	»	»	19 fr. (4).
TOTAUX des pièces non reçues et des frais d'arbitrage, etc.		19								31 fr. »

(5) DÉLAI accordé pour { Le remplacement des étoffes non admises et non réparables sur les lieux..................183 / La reproduction des pièces d'étoffes réparables sur les lieux.......................183

Pour extrait conforme;

A le 183

Le Sous-Intendant Militaire.

(1) Quand les pièces de drap soumises aux arbitres ne sont pas toutes acceptés par eux.
(2) On indiquera au verso, mais sommairement, les causes des refus ou rejets.
(3) Frais de vacations d'arbitres.
(4) Frais de manutention à raison d'un franc par pièce, dans les magasins de l'État seulement.
(5) En cas d'urgence on n'assignera aucun délai, mais on indiquera par une note la nécessité d'un prompt remplacement par les soins du ministère de la guerre.

MODÈLE N° 9.

Art. 5o du cahier des charges.

EXERCICE 183

Habillement.

Compte général des fournitures d'étoffes applicables à l'exer-cice 183 , faites pour l'habillement (1) de l'armée par (2) de   , en exécution des ordres qu'il reçus comme adjudicataire d'une portion de ce service.

ORDRES.		Désignation des parties prenantes.	Dates des récépissés délivrés par les parties prenantes.	NATURE ET QUANTITÉS DES ÉTOFFES FOURNIES.								OBSERVATIONS.
				DRAPS.						Flanelle blanche.	Velours noir.	
numéros.	dates.			Bleu.	Vert.	Etc.	Etc.	Etc.	Etc.			
												On suivra dans l'établissement de ce compte l'ordre de dates des commandes.

TOTAL des quantités four-nies en 183 ....

Prix.................

Décompte..............

TOTAL en deniers......

Certifié véritable le présent compte , appuyé de   pièces justificatives, et montant à la somme de   francs   centimes.

A   le   183

(Signature du fabricant.)

Vu , vérifié et arrêté par nous intendant militaire de la   • division , le pré-sent compte des fournitures faites pour l'habillement des troupes par M.   , lequel compte, montant à la somme de   francs   centimes , se trouve justifié par les pièces comptables ci-jointes, au nombre de

A   le   183

1 Il sera établi un compte distinct et séparé pour les fournitures applicables au harnachement. Chaque compte sera produit en deux expéditions dont une sur papier timbré.
2 Indiquer la raison de commerce et le lieu où la fabrique est située.

MODÈLE Nº 10.

Art. 29 du cahier
des charges.

RELEVÉ MENSUEL.

DÉSIGNATION DE LA FABRIQUE.

RELEVÉ des expéditions d'étoffes faites pendant le mois de   dernier, et de celles restant à faire en exécution des ordres donnés à la fabrique.

DÉSIGNATION DES CORPS ou DES MAGASINS DE L'ÉTAT.	DATES		DÉSIGNATION ET QUANTITÉS D'ÉTOFFES.						
	des ordres de livraison.	du départ des étoffes de la fabrique.							
Quantités d'étoffes expédiées dans le cours du mois écoulé									
TOTAL......									
Quantités restant à expédier pour compléter les fournitures ordonnées.	(1)								
TOTAL.......									

CERTIFIÉ véritable

A   le

(Signature du fabricant.)

(1) On indiquera dans cette colonne la date présumée de l'envoi des étoffes.

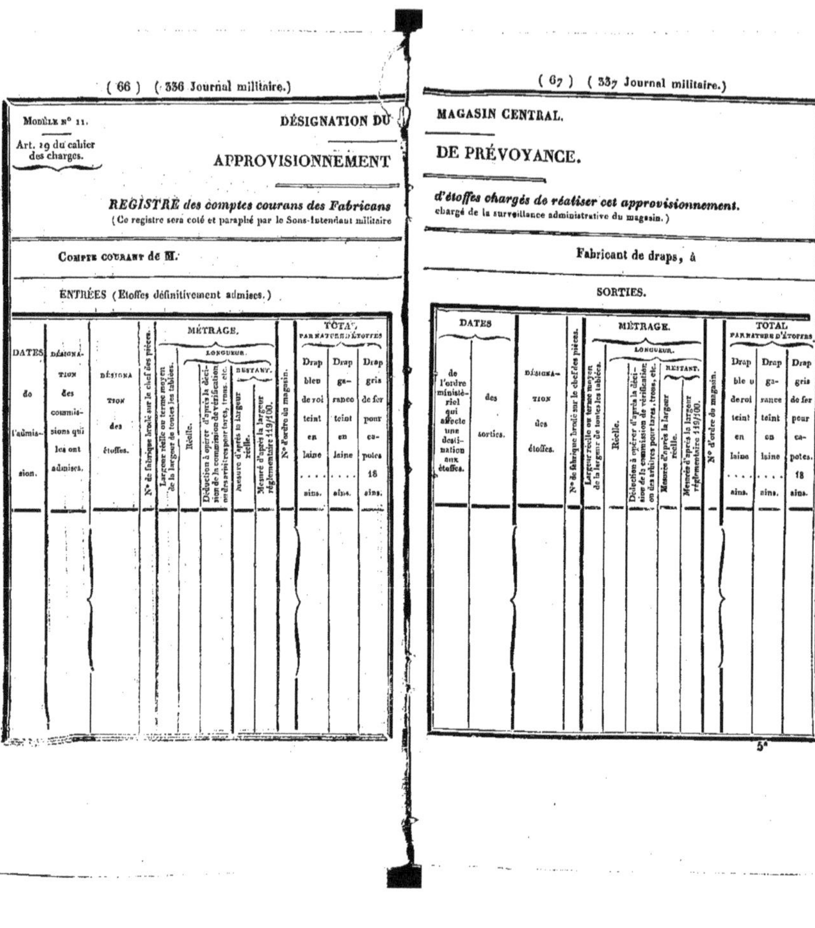

Modèle n° 11.

Art. 19 du cahier des charges.

DÉSIGNATION DU

APPROVISIONNEMENT

REGISTRE des comptes courans des Fabricans
(Ce registre sera coté et paraphé par le Sous-Intendant militaire

COMPTE COURANT de M.

ENTRÉES (Etoffes définitivement admises.)

DATES de l'admission.	DÉSIGNATION des commissions qui les ont admises.	DÉSIGNATION des étoffes.	N° de fabrique broché sur le chef des pièces.	MÉTRAGE — Largeur réelle ou terme moyen de la largeur de toutes les tablées.	LONGUEUR — Réelle.	Déduction à opérer d'après la décision de la commission de vérification ou des arbitres pour tares, trous, etc.	RESTANT — Mesuré d'après la largeur réelle.	Mesuré d'après la largeur réglementaire 119/100.	N° d'ordre du magasin.	TOTAL PAR NATURE D'ÉTOFFES — Drap bleu de roi teint en laine ..... ains.	Drap garance teint en laine ..... ains.	Drap gris de fer pour capotes. 18 ains.

MAGASIN CENTRAL.

DE PRÉVOYANCE.

d'étoffes chargés de réaliser cet approvisionnement.
chargé de la surveillance administrative du magasin.)

Fabricant de draps, à

SORTIES.

DATES de l'ordre ministériel qui affecte une destination aux étoffes.	des sorties.	DÉSIGNATION des étoffes.	N° de fabrique broché sur le chef des pièces.	MÉTRAGE — Largeur réelle ou terme moyen de la largeur de toutes les tablées.	LONGUEUR — Réelle.	Déduction à opérer d'après la décision de la commission de vérification ou des arbitres pour tares, trous, etc.	RESTANT — Mesuré d'après la largeur réelle.	Mesuré d'après la largeur réglementaire 119/100.	N° d'ordre du magasin.	TOTAL PAR NATURE D'ÉTOFFES — Drap bleu de roi teint en laine ..... ains.	Drap garance teint en laine ..... ains.	Drap gris de fer pour capotes. 18 ains.

MODÈLE N° 12.

Art. 19 du cahier
des charges.

* DIVISION MILITAIRE.

PLACE d

DÉSIGNATION DU MAGASIN.

APPROVISIONNEMENT DE PRÉVOYANCE.

SITUATION AU 1er   183

NOMS DES FABRICANS chargés de réaliser l'approvisionnement de prévoyance.	DÉTAIL DES ENTRÉES ET DES SORTIES.	QUANTITÉS DE DRAPS.			OBSERVAT.
		Bleu de roi, teint en laine, 18 ains.	Garance teint en laine, 18 ains.	Gris de fer pour capotes 18 ains.	
M.	Il existait au 1er du mois dernier (quantités admises).. Relevé des quantités définitivement admises dep. cette époque jusqu'à ce jour....				
	TOTAL......				
	Relevé des quantités qui ont été prélevées depuis le 1er du mois dernier.........				
	Quantités restant libres à la date de ce jour........				
M.					
M.					

Vu :
l'Intendant militaire ,

Certifié véritable
l'Agent comptable du magasin.

Modèle n° 13.

Art. 35 du cahier des charges.

DÉSIGNATION DU MAGASIN CENTRAL.

Registre-Journal du Métrage des pièces *d'étoffes dont l'admission a été prononcée par la Commission* de vérification, instituée près dudit établis*sement, ou par des arbitres.*

DATE de l'admission des étoffes.	DÉSIGNATION des commissions qui les ont admises. COMMISSION de vérification ou commission d'arbitres.	NOMS des fabricans qui ont livré les étoffes.	DÉSIGNATION des étoffes.	AFFECTATION des étoffes. Approvisionnement de prévoyance.	AFFECTATION des étoffes. Service courant.	Numéro de fabrique brodé sur le chef des pièces.	MÉTRAGE. LARGEUR RÉELLE ou terme moyen de la largeur de toutes les lisières.	RÉELLE	Déduction à opérer d'après la décision de la commission de vérification ou des arbitres pour fares, trous, etc.	RESTANT mesuré d'après la largeur réelle.	mesuré d'après la largeur réglementaire, 119/100.	Numéro d'ordre de magasin, assigné aux pièces d'étoffe qui ont les dimensions de largeur exigées par le cahier des charges.	DESTINATION donnée aux pièces d'étoffe définitivement reçues. DATE de l'expédition.	DÉSIGNATION des parties prenantes.	Indication en fin d'année du métrage des pièces non sorties du magasin dans le cours de l'exercice.
1er Mars 1836.	Commission de vérification.	Renvoi et compagnie.	Bleu de roi,	Approv.	Serv. Ct. 15 8bre. 1836.	1740	119	21 35	0 15	21 20	21 20	2 172	16 oct. 1836.	2e rég. de cuirass.	»
			idem.	idem.		1750	115	22 55	0 10	22 55	21 79	2 178	»	»	21 79
			idem.			1751	109	»	»	»	»		n'a pas la larg. exig.	»	

A REPORTER. . . . .

MODÈLE N° 13 *bis*.

Modèle de l'Étiquette en Carte blanche qui doit être fixée sur chaque pièce d'Étoffe reçue dans un Magasin central.

MAGASIN CENTRAL d

DRAP (1)   ains. — 183 (2).

Origine (3)

N° de fabrique brodé sur le chef....................	
Métrage. { Largeur réelle ou terme moyen de toutes les tablées.	
Longueur réelle........................	
Déduction opérée pour tares , etc.............	
Restant. { Longueur réelle..... .... '....	
Longueur réduite en mesure d'ordre.....	
N° d'ordre du magasin..........................	

(1) Indiquer la couleur et le nombre des ains.

(2) Année dans le cours de laquelle la pièce a été reçue au magasin.

(3) Indiquer le magasin de l'État d'où elle provient, ou le nom du fabricant *pour le compte duquel* elle a été reçue.

DEVIS.

N° 14.

DÉSIGNATION DES QUANTITÉS *(Terme moyen,*

ARMES.			Habit.	Pelisse.	Dolman.	Redingote de tambour-major.	Redingote de sous-officiers et musiciens.	Capote.	Manteau.
			m. m.	m. m.	m. m.	m. m.	m. m.	m. m.	m. m.
INFANTERIE de ligne	drap	de fond...	1 18o	»	»	2 45o	2 365	2 365	»
		de distinct.	o 42o	»	»	»	o o1o	o o1o	»
	toile		1 97o	»	»	1 62o	1 62o	1 44o	»
INFANTERIE légère	drap	de fond...	1 2oo	»	»	2 45o	2 3o5	2 3o5	»
		de distinct.	o 39o	»	»	»	o o3g	o o3g	»
	toile		1 27o	»	»	1 62o	1 62o	1 44o	»
CAVALERIE — Carabiniers, 1er régiment	drap	de fond...	1 56o	»	»	»	»	»	6 11o
		de distinct.	o 12o	»	»	»	»	»	»
	toile		1 42o	»	»	»	»	»	o 8oo
	treillis		»	»	»	»	»	»	»
Carabiniers, 2e régiment	drap	de fond...	1 53o	»	»	»	»	»	6 11o
		de distinct.	o 14o	»	»	»	»	»	»
	toile		1 42o	»	»	»	»	»	o 8oo
	treillis		»	»	»	»	»	»	»
Cuirassiers, 6 premiers régimens.	drap	de fond...	1 33o	»	»	»	»	»	5 97o
		de distinct.	o 28o	»	»	»	»	»	»
	toile		1 38o	»	»	»	»	»	o 78o
	treillis		»	»	»	»	»	»	»
Cuirassiers, 4 derniers régimens.	drap	de fond...	1 47o	»	»	»	»	»	5 97o
		de distinct.	o 14o	»	»	»	»	»	»
	toile		1 38o	»	»	»	»	»	o 78o
	treillis		»	»	»	»	»	»	»
Dragons, 1er, 2e, 5e, 6e, 9e, 10e, 11e régim.	drap	de fond...	1 42o	»	»	»	»	»	5 16o
		de distinct.	o 23o	»	»	»	»	»	»
	toile		1 29o	»	»	»	»	»	o 77o
	treillis		»	»	»	»	»	»	»
Dragons, 3e, 4e, 7e, 8e, 12e régimens.	drap	de fond...	1 4oo	»	»	»	»	»	5 16o
		de distinct.	o 23o	»	»	»	»	»	»
	toile		1 29o	»	»	»	»	»	o 77o
	treillis		»	»	»	»	»	»	»

DEVIS.

D'ÉTOFFES ALLOUÉES PAR EFFET, *d'après la 2e taille.)*

(ARMES)			Pantalon d'ordonnance ou d'écurie.	Veste de travail.	Pantalon.	Bonnet de police.	Portemanteau.	Miniature de cuirasse.	Casquette.	Schabraque.
			m. m.		m. m.	m. m.	m. m.	m. m.	m. m.	m. m.
INFANTERIE de ligne	drap	de fond...	o 927	»	1 27o	o 2oo	»	»	o 12o	»
		de distinct.	o o33	»	»	o o38	»	»	o o6o	»
	toile		1 16o	»	o 38o	»	»	»	»	»
INFANTERIE légère	drap	de fond...	o 927	»	1 27o	o 2oo	»	»	o 12o	»
		de distinct.	o o33	»	»	o o38	»	»	o o6o	»
	toile		1 16o	»	o 38o	»	»	»	»	»
CAVALERIE — Carabiniers, 1er régiment	drap	de fond...	1 18o	»	1 468	o 2oo	o 443	»	»	1 o6o
		de distinct.	o o1o	»	o o3o	o o24	o o1g	o 29o	»	o o85
	toile		1 87o	»	o 63o	»	»	»	»	»
	treillis		»	»	»	1 12o	»	»	»	»
Carabiniers, 2e régiment	drap	de fond...	1 18o	»	1 468	o 2oo	o 443	»	»	1 o6o
		de distinct.	o o1o	»	o o3o	o o24	o o1g	o 29o	»	o o85
	toile		1 87o	»	o 63o	»	»	»	»	»
	treillis		»	»	»	1 12o	»	»	»	»
Cuirassiers, 6 premiers régimens.	drap	de fond...	1 685	»	1 36o	o 2oo	o 443	o 29o	»	1 o6o
		de distinct.	o o1o	»	o 63o	o o24	o o1g	»	»	o o85
	toile		1 3oo	»	o 65o	»	»	»	»	»
	treillis		»	»	»	1 12o	»	»	»	»
Cuirassiers, 4 derniers régimens.	drap	de fond...	1 685	»	1 36	o 2oo	o 443	o 29o	»	1 ooo
		de distinct.	o o1o	»	o 63o	o o24	o o1g	»	»	o o85
	toile		1 3oo	»	o 65o	»	»	»	»	»
	treillis		»	»	»	1 12o	»	»	»	»
Dragons, 1er, 2e, 5e, 6e, 9e, 10e, 11e régim.	drap	de fond...	1 o55	»	1 32o	o 2oo	o 443	»	»	1 ooo
		de distinct.	o o1o	»	o 63o	o o24	o o1g	»	»	o o85
	toile		1 27o	»	o 63o	»	»	»	»	»
	treillis		»	»	»	1 12o	»	»	»	»
Dragons, 3e, 4e, 7e, 8e, 12e régimens.	drap	de fond...	1 o55	»	1 32o	o 2oo	o 443	»	»	1 ooo
		de distinct.	o o1o	»	o o3o	o o24	o o1g	»	»	o o85
	toile		1 27o	»	o 63o	»	»	»	»	»
	treillis		»	»	»	1 12o	»	»	»	»

OBSERVATIONS.

* La casquette en drap n'est accordée qu'aux troupes employées en Afrique. A l'intérieur elle n'est attribuée qu'aux pionniers.

** Lors de la conversion du pantalon d'ordonnance en pantalon de cheval, il est alloué 410 mill. de toile à doublure.

N° 14.   DEVIS

DÉSIGNATION DES QUANTITÉS
(Terme moyen,

ARMES.		Habit.	Pelisse.	Dolman.	Redingote de tambour-major.	Redingote de sous-officiers et maîtrisiers.	Capote.	Manteau.
		m. m						m. m
Lanciers, 1er et 4e régimens.	drap de fond...	1 290	»	»	»	»	»	5 160
	drap de distinct.	0 320	»	»	»	»	»	»
	toile.............	1 220	»	»	»	»	»	0 770
	treillis..........	»	»	»	»	»	»	»
Lanciers, 2e et 5e régimens.	drap de fond..	1 320	»	»	»	»	»	5 160
	drap de distinct	0 280	»	»	»	»	»	»
	toile.............	1 220	»	»	»	»	»	0 770
	treillis..........	»	»	»	»	»	»	»
Lanciers, 3e et 6e régimens.	drap de fond...	1 300	»	»	»	»	»	5 160
	drap de distinct.	0 300	»	»	»	»	»	»
	toile.............	1 220	»	»	»	»	»	0 770
	treillis..........	»	»	»	»	»	»	»
Chasseurs, 1er,2e,5e,6e, 9e,10e,13e, 14e régim^s.	drap de fond...	1 240	»	»	»	»	»	4 940
	drap de distinct.	0 120	»	»	»	»	»	»
	toile.............	1 210	»	»	»	»	»	0 760
	treillis..........	»	»	»	»	»	»	»
Chasseurs, 3e,4e,7e,8e, 11e,12e régimens.	drap de fond...	1 230	»	»	»	»	»	4 940
	drap de distinct.	0 150	»	»	»	»	»	»
	toile.............	1 210	»	»	»	»	»	0 760
	treillis..........	»	»	»	»	»	»	»
Hussards..	drap de fond... de distinct.	»	1 080	1 030	»	»	»	4 940
	flanelle..........	»	0 980	1 030	»	»	»	»
	toile.............	»	»	1 140	»	»	»	0 760
	treillis..........	»	»	»	»	»	»	»
Chasseurs d'Afrique, 1er et 3e régimens.	drap de fond... de distinct.	2 080	»	»	»	»	»	5 700
		0 100	»	»	»	»	»	»
	toile.............	1 130	»	»	»	»	»	»
	treillis..........	»	»	»	»	»	»	»
Chasseurs d'Afrique, 2e régiment.	drap de fond... de distinct.	2 080	»	»	»	»	»	5 700
		0 100	»	»	»	»	»	»
	toile.............	1 130	»	»	»	»	»	»
	treillis..........	»	»	»	»	»	»	»

(La colonne de gauche porte l'accolade **CAVALERIE**.)

(Suite.)

D'ÉTOFFES ALLOUÉES PAR EFFET.
d'après la 2e taille.)

ARMES.		Veste d'ordonnance ou d'écurie.	Veste de travail.	Pantalon.	Bonnet de police.	Portemanteau.	Matelassure de cuirasse.	Casquette.	Schabraque.
		m. m		m. m	m. m	m. m		m. m	m. m
Lanciers, 1er et 4e régimens.	drap de fond...	1 055	»	1 320	0 200	0 443	»	»	1 000
	drap de distinct.	0 010	»	0 160	0 024	0 019	»	»	0 090
	toile.............	1 270	»	0 630	»	1 120	»	»	»
	treillis..........	»	»	»	»	»	»	»	»
Lanciers, 2e et 5e régimens.	drap de fond..	1 055	»	1 320	0 200	0 443	»	»	1 000
	drap de distinct	0 010	»	0 160	0 024	0 019	»	»	0 090
	toile.............	1 270	»	0 630	»	1 120	»	»	»
	treillis..........	»	»	»	»	»	»	»	»
Lanciers, 3e et 6e régimens.	drap de fond...	1 035	»	1 300	0 200	0 443	»	»	1 000
	drap de distinct.	0 010	»	0 030	0 024	0 019	»	»	0 090
	toile.............	1 250	»	0 630	»	1 120	»	»	»
	treillis..........	»	»	»	»	»	»	»	»
Chasseurs, 1er,2e,5e,6e, 9e,10e,13e, 14e régim^s.	drap de fond...	1 035	»	1 300	0 200	0 443	»	»	1 000
	drap de distinct.	0 010	»	0 030	0 024	0 019	»	»	0 090
	toile.............	1 250	»	0 630	»	1 120	»	»	»
	treillis..........	»	»	»	»	»	»	»	»
Chasseurs, 3e,4e,7e,8e, 11e,12e régimens.	drap de fond...	1 035	»	1 300	0 200	0 443	»	»	1 000
	drap de distinct.	0 010	»	0 030	0 024	0 019	»	»	0 090
	toile.............	1 250	»	0 630	»	1 120	»	»	»
	treillis..........	»	»	»	»	»	»	»	»
Hussards..	drap de fond... de distinct.	1 035	»	1 305	0 200	0 443	»	0 120	1 000
	flanelle..........	0 010	»	0 030	0 024	»	»	0 060	0 090
	toile.............	1 250	»	0 630	»	1 120	»	»	»
	treillis..........	»	»	»	»	»	»	»	»
Chasseurs d'Afrique, 1er et 3e régimens.	drap de fond... de distinct.	1 035	»	1 565	0 200	0 443	»	0 120	1 000
		0 010	»	0 030	0 024	»	»	0 060	0 090
	toile.............	1 250	»	0 650	»	1 120	»	»	»
	treillis..........	»	»	»	»	»	»	»	»
Chasseurs d'Afrique, 2e régiment.	drap de fond... de distinct.	1 035	»	1 565	0 200	0 443	»	0 120	1 000
		0 010	»	0 050	0 024	»	»	0 060	0 090
	toile.............	1 250	»	0 650	»	1 120	»	»	»
	treillis..........	»	»	»	»	»	»	»	»

OBSERVATIONS.

* Pour le bonnet de police du 2e régiment, il est alloué 110 mill. de drap de fond, et 110 mill. de drap de distinct.

N° 14.   **DEVIS**   *(Suite.)*

DÉSIGNATION DES QUANTITÉS *(Terme moyen,* — D'ÉTOFFES ALLOUÉES PAR EFFET, *d'après la 2ᵉ taille.)*

ARMES		Matière	Habit	Pelisse	Dolman	Redingote de tambour-major	Redingote de sous-officiers et musiciens	Capote	Manteau
			m. m			m. m	m. m	m. m	m. m
CAVALERIE	École royale de cavalerie	drap de fond	1 320	»	»	»	»	»	4 940
		drap de distinct	0 080	»	»	»	»	»	»
		toile	1 290	»	»	»	»	»	0 760
		treillis	»	»	»	»	»	»	»
ARTILLERIE	Régimens, pontonniers et ouvriers	drap de fond	1 300	»	»	»	»	3 150	5 970
		drap de distinct	0 280	»	»	»	»	»	»
		toile	1 250	»	»	»	»	1 700	0 780
		treillis	»	»	»	»	»	»	»
	Train des parcs	drap de fond	1 260	»	»	»	»	»	5 160
		drap de distinct	0 420	»	»	»	»	»	»
		toile	1 290	»	»	»	»	»	0 770
		treillis	»	»	»	»	»	»	»
GÉNIE	Régimens, et ouvriers	drap de fond	1 310	»	»	2 450	2 415	2 415	»
		drap de distinct	0 320	»	»	»	0 005	0 005	»
		velours	0 430	»	»	»	0 020	0 020	»
		toile	1 350	»	»	1 660	1 660	1 500	»
	Train	drap de fond	1 260	»	»	»	»	»	5 160
		drap de distinct	0 190	»	»	»	»	»	»
		velours	1 430	»	»	»	»	»	»
		toile	0 290	»	»	»	»	»	0 770
		treillis	»	»	»	»	»	»	»
ÉQUIPAGES MILIT.	Train	drap de fond	1 570	»	»	»	»	»	5 160
		drap de distinct	0 113	»	»	»	»	»	»
		toile	1 290	»	»	»	»	»	0 770
		treillis	»	»	»	»	»	»	»
	Ouvriers	drap de fond	1 740	»	»	»	2 400	2 400	»
		drap de distinct	0 100	»	»	»	»	»	»
		toile	1 350	»	»	»	1 660	1 500	»
ADMINIST.	Ouvriers d'administration	drap de fond	1 490	»	»	»	2 365	2 365	»
		drap de distinct	0 105	»	»	»	0 010	0 010	»
		toile	1 270	»	»	»	1 620	1 440	»

ARMES		Matière	Veste d'ordonnance ou d'écurie	Veste de travail	Pantalon	Bonnet de police	Porte-manteau	Matelassure de cuirasse	Casquette	Schabraque	OBSERVATIONS
			m. m	m. m	m. m	m. m	m. m	m. m	m. m	m. m	
CAVALERIE	École royale de cavalerie	drap de fond	1 085	»	1 320	0 200	0 443	»	»	1 000	
		drap de distinct	0 003	»	0 030	0 024	0 019	»	»	0 090	
		toile	1 300	»	0 630	»	»	»	»	»	
		treillis	»	»	»	»	1 120	»	»	»	
ARTILLERIE	Régimens, pontonniers et ouvriers	drap de fond	1 085	1 270	1 360	0 200	0 443	»	0 160	»	* Applicable seulement aux compagnies d'ouvriers.
		drap de distinct	0 010	»	0 160	0 024	0 019	»	0 020	»	
		toile	1 300	1 400	0 630	»	»	»	»	»	
		treillis	»	»	»	»	1 120	»	»	»	
	Train des parcs	drap de fond	1 055	»	1 320	0 200	0 443	»	0 120	»	
		drap de distinct	0 010	»	0 030	0 024	0 019	»	0 060	»	
		toile	1 270	»	0 630	»	»	»	»	»	
		treillis	»	»	»	»	1 120	»	»	»	
GÉNIE	Régimens, et ouvriers	drap de fond	0 950	»	1 350	0 200	»	»	0 160	»	
		drap de distinct	0 008	»	0 005	0 038	»	»	0 020	»	
		velours	0 660	»	»	»	»	»	»	»	
		toile	1 180	»	0 400	»	»	»	»	»	
	Train	drap de fond	0 950	»	»	0 200	0 443	»	0 160	»	
		drap de distinct	0 008	»	0 160	0 038	0 019	»	0 020	»	
		velours	0 660	»	»	»	»	»	»	»	
		toile	1 180	»	0 630	»	»	»	»	»	
		treillis	»	»	»	»	1 120	»	»	»	
ÉQUIPAGES MILIT.	Train	drap de fond	1 054	»	1 320	0 200	0 443	»	0 120	»	
		drap de distinct	0 010	»	0 030	0 024	0 019	»	0 060	»	
		toile	1 270	»	0 630	»	»	»	»	»	
		treillis	»	»	»	»	1 120	»	»	»	
	Ouvriers	drap de fond	1 000	1 270	1 000	0 200	»	»	0 120	»	
		drap de distinct	»	1 400	0 030	0 038	»	»	0 060	»	
		toile	1 180	»	»	»	»	»	»	»	
ADMINIST.	Ouvriers d'administration	drap de fond	0 960	»	1 270	0 200	»	»	0 120	»	
		drap de distinct	0 008	»	»	0 035	»	»	0 060	»	
		toile	1 160	»	0 380	»	»	»	»	»	

N° 14.   DEVIS (Suite.)

DÉSIGNATION DES QUANTITÉS (Terme moyen, D'ÉTOFFES ALLOUÉES PAR EFFET, d'après la 2ᵉ taille.)

ARMES	Habit.	Pelisse.	Dolman.	Redingote de tambour-major.	Redingote de sous-officier et musicien.	Capote.	Manteau.
VÉTÉRANS							
Compagnies de sous-off. et de fusil. — drap de fond	1 330	»	»	»	2 365	2 365	»
— drap de distinct.	0 430	»	»	»	0 010	0 010	»
— drap blanc	0 027	»	»	»	»	»	»
— toile	1 270	»	»	»	1 620	1 620	»
Cavaliers — drap de fond	1 290	»	»	»	»	»	5 160
— drap de distinct.	0 150	»	»	»	»	»	»
— toile	1 290	»	»	»	»	»	0 770
— treillis	»	»	»	»	»	»	»
Canonniers vétérans. — Canonniers garde-côtes. — drap de fond	1 460	»	»	»	2 465	2 465	»
— drap de distinct.	0 365	»	»	»	»	»	»
— toile	1 350	»	»	»	1 690	1 550	»
Vétérans du génie. — drap de fond	1 310	»	»	»	2 415	2 415	»
— drap de distinct.	0 320	»	»	»	0 005	0 005	»
— velours	0 430	»	»	»	0 020	0 020	»
— toile	1 350	»	»	»	1 660	1 500	»
Gendarmes. — drap de fond	1 320	»	»	»	2 480	2 325	»
— drap de distinct.	0 360	»	»	»	»	»	»
— toile	1 350	»	»	»	1 700	1 440	»
COMPAGNIES DE DISCIPLINE							
Cadres. — drap de fond	1 490	»	»	»	2 325	2 325	»
— drap de distinct.	0 105	»	»	»	bleu 0 39 / gar. 0 10	0 039 / 0 010	»
— toile	1 270	»	»	»	1 620	1 440	»
Fusiliers. — drap de fond	»	»	»	»	»	2 355	»
— drap de distinct.	»	»	»	»	»	bleu 0 39 / gar. 0 10	»
— toile	»	»	»	»	»	1 500	»
Pionniers. — drap de fond	»	»	»	»	»	2 400	»
— drap de distinct.	»	»	»	»	»	»	»
— toile	»	»	»	»	»	1 500	»

ARMES	Veste d'ordonnance ou d'écurie.	Veste de travail.	Pantalon.	Bonnet de police.	Porte-manteau.	Martissure de cuirasse.	Casquette.	Schabraque.
VÉTÉRANS								
Compagnies de sous-off. et de fusil. — drap de fond	0 927	»	1 270	0 200	»	»	»	»
— drap de distinct.	0 033	»	»	0 038	»	»	»	»
— drap blanc	»	»	»	»	»	»	»	»
— toile	1 160	»	0 380	»	»	»	»	»
Cavaliers — drap de fond	1 055	»	1 320	0 200	0 443	»	»	»
— drap de distinct.	0 010	»	0 030	0 024	0 019	»	»	»
— toile	1 270	»	0 630	»	»	»	»	»
— treillis	»	»	»	»	1 120	»	»	»
Canonniers vétérans. — Canonniers garde-côtes. — drap de fond	1 000	»	1 350	0 200	»	»	0 160	»
— drap de distinct.	0 045	»	»	0 038	»	»	0 020	»
— toile	1 200	»	0 400	»	»	»	»	»
Vétérans du génie. — drap de fond	0 950	»	1 350	0 200	»	»	»	»
— drap de distinct.	0 008	»	0 160	0 038	»	»	»	»
— velours	0 006	»	»	»	»	»	»	»
— toile	1 180	»	0 400	»	»	»	»	»
Gendarmes. — drap de fond	1 075	»	1 340	0 200	»	»	»	»
— drap de distinct.	»	»	»	0 038	»	»	»	»
— toile	1 160	»	0 400	»	»	»	»	»
COMPAGNIES DE DISCIPLINE								
Cadres. — drap de fond	0*960	»	1 270	0 200	»	»	0 120	»
— drap de distinct.	0 010	»	»	0 038	»	»	0 060	»
— toile	1 160	»	0 380	»	»	»	»	»
Fusiliers. — drap de fond	1 040	»	1 300	»	»	»	»	»
— drap de distinct.	»	»	»	»	»	»	»	»
— toile	1 250	»	0 400	»	»	»	»	»
Pionniers. — drap de fond	1 040	»	1 300	»	»	»	0 120	»
— drap de distinct.	»	»	»	»	»	»	0 060	»
— toile	1 250	»	0 400	»	»	»	»	»

OBSERVATIONS.

* Pour les compagnies de fusiliers dont la capote n'est pas à taille, on n'alloue que 1 m 440 mm. de toile à doublure.

** La veste n'est attribuée qu'aux compagnies de fusiliers.

* Applicable seulement aux caporaux et aux tambours.

MODÈLE n° 15.	DÉSIGNATION DU CORPS OU DU MAGASIN.	EXERCICE 18
Art. 52 du cahier des charges.	DÉSIGNATION DU FABRICANT.	Habillement ou Harnachement.

État des quantités de pièces d'étoffes que ce fabricant a livrées audit Régiment, ou bien dans ledit Etablissement, pendant l'année 183

DATES des séances dans lesquelles les pièces ont été examinées	DÉSIGNATION des Commissions qui ont procédé à l'examen des étoffes. Commissission de vérification ou Commission d'arbitres.	NOMBRE DE PIÈCES		FRAIS D'ARBITRAGE		OBSERV.
		reçues en magasin.	non reçues (pr quelque cause que ce soit).	à la charge de l'État,	dont le fabricant doit compte à l'État.	
TOTAUX...						

NOTA. Dans les magasins de l'État, on ajoutera :

Frais de manutention (à raison d'un franc par pièce non reçue en magasin).............................

TOTAL de la somme à imputer au compte du fabricant.

Vu :	A le
le Sous-intendant militaire,	le Conseil d'Administration ou l'Agent comptable,

NOTICE SUR LA VÉRIFICATION DES ÉTOFFES

DESTINÉES A L'HABILLEMENT DES TROUPES.

OBSERVATION PRÉLIMINAIRE.

Les ateliers des fabricans adjudicataires du service de l'habillement, étant seuls soumis à la surveillance spéciale des agens de l'administration, les commissions de vérification instituées près des corps de troupe et des magasins de l'Etat doivent s'abstenir de procéder à l'examen et à la vérification des draps qui ne portent pas, sur le chef de la pièce et en toutes, lettres le nom de la raison sociale de l'une des maisons titulaires des marchés de la guerre.

DÉCATISSAGE.

La vérification des draps doit toujours être précédée du décatissage ; cette opération, dont le cahier des charges indique les divers modes, doit être faite de préférence à la vapeur; il faut en diriger l'action avec soin, propreté et méthode, afin d'obtenir tout le retrait que l'étoffe est susceptible d'éprouver. Toutefois il faut veiller à ce que la vapeur ne soit pas poussée à un trop haut degré, afin d'éviter soit de durcir la laine soit de dégrader le tissu.

Le décatisseur doit éventer les draps immédiatement après le décatissage, afin d'éviter que la concentration de la vapeur ne leur procure une apparence de cartonnage qui pourrait induire les commissions en erreur sur la qualité intrinsèque de l'étoffe.

Enfin on doit mettre un intervalle de vingt-quatre heures au moins entre le décatissage et l'examen des étoffes, pour que le lainage et le tissu reprennent leur état naturel; et attendu d'ailleurs que l'on ne pourrait juger sainement de la qualité d'un drap qui aurait conservé la moindre humidité.

VÉRIFICATION DU TISSU.

La perche-rouleau destinée à l'examen des draps, doit être placée en face et à peu de distance d'une fenêtre de préférence au nord, et à l'abri de tout faux jour ou de toute forte réverbération, pour que le vérificateur puisse bien juger de la nuance, et à cet effet il doit veiller à ce que le soleil ne frappe pas sur l'étoffe.

Lorsque l'on passe une pièce de drap au rouleau ses plis doivent tomber et s'affaiser naturellement, s'ils se soutiennent avec roideur il y a lieu à examiner, avec attention et discernement, si le tissu n'est pas resté imprégné de colle, ou de tout autre préparation glutineuse, ou, si contrairement aux dispositions du 12° paragraphe de l'article 24 du cahier des charges, il n'a pas été insuffisamment dégraissé. Dans l'un ou l'autre de ces cas, en frottant le drap avec un linge blanc, il doit laisser échapper une teinte crasseuse plus ou moins colorée ; les étoffes entachées de ces défauts doivent être refusées provisoirement et déclarées réparables conformément aux dispositions de l'article 30 du cahier des charges.

L'application de l'apprêt dit indestructible étant interdit par le 17° paragraphe de l'article 24. les commissions doivent s'assurer en passant le drap au rouleau s'il est entièrement dépouillé de tout apprêt luisant que le décatissage n'aurait pu enlever.

EXAMEN SOUS LE ROULEAU.

Étant exposés au jour, les draps bleu de roi présentent naturellement un tissu sombre et couvert ; les draps vert et bleu de ciel pointillent d'avantage ; les draps gris de fer, gris argentin blanc piqué de bleu et bège offrent, par l'opposition des couleurs dont se compose leur mélange, un aspect plus transparent encore.

Mais, bien que le tissu n'absorbe pas entièrement le jour, il ne doit pas moins être régulier et serré ; enfin, examinés à la main, les draps doivent avoir la force et le nerf que présentent les types.

Les clairières, ainsi nommées à cause de la faiblesse et de la transparence de certaines parties du tissu, ont plusieurs caractères distincts :

Les unes proviennent d'un foulage inégal, elles occupent des places irrégulières plus ou moins étendues où l'étoffe manque absolument de feutrage et paraît pour ainsi dire mâchée, d'autres résultent d'un tissage défectueux ou négligé, elles peuvent provenir soit d'une mauvaise chaîne, soit de ce que l'ouvrier n'a pas battu également la trame, ou qu'il a employé des écheveaux non imprégnés d'eau.

Enfin il est une nature de clairières produite par l'action d'un garnissage forcé ou mal dirigé ; le drap est alors effondré, et les parties ainsi affectées n'ont aucune consistance.

Toutes ces défectuosités ne sont pas susceptibles de réparation ; mais les vérificateurs placés sous le rouleau jugent de leur gravité, de leur importance, et ils déterminent s'il y a lieu à rejeter définitivement l'étoffe, ou à compenser la perte résultant de ces accidens par une réduction sur la longueur.

Il en est de même des autres imperfections telles que trous d'épontillage, déchirures, etc. Mais dans le cas où ces défauts accidentels n'étant pas multipliés permettent de prononcer l'admission de l'étoffe, il est essentiel de les signaler au confectionnaire par des fils, appelés sonnettes, que l'on appose dans la lisière du drap.

EXAMEN EN DEHORS DU ROULEAU.

Les vérificateurs placés en dehors du rouleau apprécient l'apparence de l'étoffe, ils examinent si le drap a été convenablemeut garni et tondu, si le tissu est couvert et non cordant, si les coulenrs sont conformes aux types, et enfin si le lainage est fianc et dépouillé de toute matière jarreuse, comme aussi de tous corps étrangers, tels que pailles, bûchettes, gros nœuds, etc., etc.

Ils signalent les défectuosités qu'ils remarquent telles que ribaudures, barres, taches, gros fils, etc., etc.

Les ribaudures sont des bandes creuses et froncées de 3 ou 4 centimètres de hauteur, qui traversent le drap d'une lisière à l'autre; si ces ribaudures sont fortement prononcées et trop multipliées, les dispositions de l'article 31 du cahier des charges leur seront applicables.

EXAMEN DES COULEURS.

L'appréciation de la solidité des couleurs et de la conformité des nuances avec les échantillons-types doit être faite avec le plus grand soin. Il est reconnu que l'identité absolue des couleurs préparées sur des bains en ébullition présente des difficultés que l'habileté des meilleurs teinturiers ne saurait vaincre; mais on doit toujours exiger l'analogie la plus rapprochée, et les commissions ne doivent user que d'une tolérance sage et réservée; il est à remarquer d'ailleurs que la couleur bleu de roi étant préparée sur des bains tempérés, on ne doit tolérer à son égard aucune infériorité de nuance.

Le ton de la couleur bleu de roi doit être franc, plein et bien nourri; les nuances bleu de roi blanchâtres ou ardoisées qui n'ont aucun reflet indiquent qu'elles ont été préparées sur des cuves épuisées, ou que l'on a employé des indigos de basse qualité; elles sont inadmissibles, mais il ne faut pas confondre ce défaut capital, avec le défaut réparable que présente un drap mal dégraissé et dont la couleur parait terne, sans reflet, et comme voilée par une teinte crasseuse.

On éprouve la solidité et la fidélité des couleurs par les moyens ci-après.

Savoir.

Les débouillis {à l'alun.
{au savon.

On éprouve par l'alun l'écarlate, le cramoisi, l'aurore et le rose.

Dans un vase plein d'un demi kilogr. d'eau environ, on fait bouillir 15 à 16 grammes d'alun, et l'on y plonge pendant cinq minutes un échantillon du poids de 4 à 5 grammes. Le fond des nuances *bon teint* n'est point emporté par ce débouilli. Son action se borne à rendre l'écarlate pourpre ou tout au plus cramoisi foncé. Ce débouilli fait descendre aussi les autres couleurs à des nuances cra-

moisi plus ou moins claires suivant leur caractère particulier; en un mot, il ternit leur éclat, mais lorsqu'il décompose totalement la couleur, le drap ne doit pas être reçu.

Le savon blanc est applicable aux draps rouge, garance, jonquille, brun marron.

On met dans un kilogr. d'eau environ 10 à 15 grammes de savon. Pendant qu'elle bout, on y trempe l'échantillon. Cette épreuve, qui ne demande que cinq minutes, détruit ou affaiblit les nuances *fausses* et respecte celles qui ont été faites d'après les bons procédés.

Après chaque opération, il faut avoir soin de laver les échantillons à l'eau pure et fraîche pour bien juger de leur état.

Les différens débouillis indiqués ci-dessus se colorent plus ou moins de la teinte des échantillons qu'on y éprouve; cet effet n'a rien de suspect toutes les fois que la nuance conserve son fond. Il faut donc se préoccuper moins de la couleur qu'a prise le bain ou débouilli, que de celle qui reste aux étoffes qu'on en retire.

L'acide sulfurique fournit un moyen prompt d'éprouver le bleu de roi, le bleu céleste, le gris de fer mélangé pour habit et pour capote, et le gris argentin.

Dans un vase d'eau tiède de 40 à 50 degrés on verse 30 à 35 gouttes d'acide sulfurique concentré à 66 degrés. Si l'on y trempe un bleu *bon teint* sa nuance ne change point; elle rougit, au contraire, si elle a été faite au bois de Campêche, de Brésil ou autre; et suivant le plus ou moins d'abus de ces drogues, elle dégorge du rouge et devient violet foncé ou pourpre garance, etc.

L'acide hydrochlorique de 20 à 22 degrés est un moyen plus simple encore d'éprouver la teinture bleu.

On introduit rapidement l'échantillon dans un flacon ou une petite fiole d'acide, et on le presse au sortir dans une feuille de papier complètement blanc. Si cet échantillon contient quelque matière suspecte et étrangère à la composition ordinaire de la cuve, le papier en est rougi ou violeté; si le drap est *bon teint*, la mouillure communiquée au papier est très faiblement verdâtre et la couleur n'éprouve aucune dégradation.

RÈGLE GÉNÉRALE. Tout drap bleu de quelque degré de nuance qu'il soit, qui, après avoir été frappé de cet acide, présente une tranche rougeâtre, est nécessairement avivé, par conséquent *faux teint* en ce qu'il a reçu un *pied* de teinture frauduleux fait pour économiser l'indigo, et qui absorbe et domine plus tard à l'air la véritable couleur.

Cette épreuve convient également aux draps verts. Ils ne doivent pas plus que le bleu renfermer ni dégorger aucun colorant rougeâtre; leur nuance peut se réduire à l'état de bleu plus ou moins clair, puisque l'indigo entre dans la composition de cette couleur et lui sert de base; mais c'est la seule altération qui soit tolérable. Les draps bleus n'en doivent éprouver aucune. D'où il résulte que les draps verts et les draps bleus qui, après les épreuves indiquées descendent à des teintes de vert et de bleu plus claires et qui s'affaiblissent d'une manière sensible, doivent être considérés, même quand ils ne dégorgent pas de rouge, comme ayant été remontés, c'est-à-dire *foncés* par des brunitures fugaces et faux teint.

Si la nuance *vert* éprouvée ne varie point et conserve son degré de *teint,* on doit la considérer comme solide, quoique ne découvrant point son pied de bleu.

CLASSEMENT DES DRAPS NON ADMIS.

Le classement des draps à rejeter ou à réparer doit être mûrement réfléchi et discuté, car si l'administration s'est réservé des garanties contre la mauvaise foi, de son côté l'industrie manufacturière a droit à être jugée avec connaissance de cause et équité. Pour atteindre ce double but, on doit vérifier avec détail et pièce par pièce toutes celles dont se composent les envois faits par les fabricans, et s'abstenir de tout refus en masse après l'examen pur et simple de quelques pièces, alors même que le fabricant le demande; attendu que dans le premier cas il y aurait arbitraire, et que dans le second cas, l'acquiescement du fabricant à un refus en masse ne pourrait avoir pour but que de soustraire à la flétrissure des pièces d'étoffes mal fabriquées.

COLLATIONNÉ :

Le Chef du Bureau des Lois
   et Archives,

MORTIER.

CERTIFIÉ conforme par nous,

Secrétaire général du Ministère de la guerre,

Paris, le 21 décembre 1835.

Vte DE RAYMOND.

Imprimerie de COSSE, APPERT et BACQUERNOIS, rue Christine, n° 2.

www.ingramcontent.com/pod-product-compliance
Ingram Content Group UK Ltd.
Pitfield, Milton Keynes, MK11 3LW, UK
UKHW022118070726
13613UKWH00003B/1152